Essential Goals *in* World Politics

世界政治的终极目标

安全、财富、信仰、公正、自由

王缉思 著

中信出版集团 | 北京

图书在版编目（CIP）数据

世界政治的终极目标：安全、财富、信仰、公正、自由 / 王缉思著 . -- 北京：中信出版社，2018.11（2025.7 重印）.
ISBN 978-7-5086-8682-0

I. ①世… II. ①王… III. ①国际政治—研究 IV. ① D5

中国版本图书馆 CIP 数据核字（2018）第 040310 号

世界政治的终极目标——安全、财富、信仰、公正、自由

著　　者：王缉思
出版发行：中信出版集团股份有限公司
（北京市朝阳区东三环北路 27 号嘉铭中心　邮编　100020）
承 印 者：河北鹏润印刷有限公司

开　　本：880mm × 1230mm　1/32　　印　　张：8.75　　字　　数：179 千字
版　　次：2018 年 11 月第 1 版　　印　　次：2025 年 7 月第 4 次印刷
书　　号：ISBN 978–7–5086–8682–0
定　　价：79.00 元

服务热线：400–600–8099
投稿邮箱：author@citicpub.com

献给教我看世界的父亲母亲

目　录

重印前言

本书初版完成于 2018 年。六年过去了，世界政治发生了巨大而深刻的变化。2019 年底，新冠病毒被发现。此后，新冠疫情肆虐，直到三年多以后的 2023 年初才基本平息，疫情造成的全人类的生命、财产和精神损失难以估量。世界各大国围绕新冠疫情起源、传播和防控方式的争论至今没有结束，大国关系产生了裂痕。

近年来，世界进入新的动荡变革期。大国博弈竞争不断升级，地缘政治局势持续紧张，全球经济复苏进展曲折缓慢，冷战思维、零和思维沉渣泛起，单边主义、保护主义甚嚣尘上，民粹主义抬头趋势明显，新一轮技术革命和产业链供应链调整带来的竞争空前激烈，全球可以预见和难以预见的风险显著增加，人类正面临前所未有的挑战。

我认为，世界政治出现的这些新变化，证明本书关于当代世界政治有安全、财富、信仰、公正、自由五大终极目标的基本判断是正确的，关于五大目标之间相互关系的基本观点也是站得住脚的。但是，本书初版中表述的个别观点没有经得起时间的考验，被证明是片面的、武断的。比如，本书初版说，“在各种非传统安全问题中，当前对人类威胁最大的是恐怖主义”，这个观点被证明是片面的。本世纪20年代新冠疫情给人类带来的威胁，大于2001年“9 · 11”事件后恐怖主义带来的威胁，大家对此似乎没有多少异议。只能说，恐怖主义是对人类威胁最大的非传统安全问题之一。

更大的错误是，我在本书初版中明显低估了当代世界的战争威胁。我引用美国学者平克的话说：“无论你是否相信（我知道大部分人不相信），纵观历史长河，暴力呈现下降趋势；而今天，我们也许正处于人类有史以来最和平的时代。”我还引用美国评论家扎卡利亚2011年的说法：“战争和有组织的暴力在过去二十年间急剧减少了。”我举出五个方面的原因，解释为什么当代世界的战争及战争危险会明显减少。

写作这段话的时候，我完全没有预料到，2022年2月俄罗斯会对乌克兰发动大规模的“特别军事行动”，而且双方的武装冲突会持续这么长时间，造成如此重大的人员伤亡和物质损失，国际社会因此而产生如此巨大的分歧。从2023年10月开始，以色列同伊朗所支持的哈马斯、也门胡塞武装的严重冲突，再一次证明中东的战争和战争危险不是在减少，而是有可能增加。在中国，“台独”分裂势力的上升，使国家领导部门不能不考虑用非和平手段应对国家领土分裂的危险，中美之间因台湾问题爆发战争的可能性不能低估。虽然本书初版在安全主题方面的论述仍有可取之处，但必须做出一些修改以适应形势的变化。

在论述“财富”的章节里，我对“财富大爆炸”的影响做出了过于乐观的估计。事实证明，新冠疫情和地缘政治冲突，严重拖累了世界财富的积累过程，加剧了世界发展的不平衡。

在本书此次重印前，我对上述错误进行了反思。考虑到世界政治近年来越来越大的不稳定性和不确定性，我对本书结论部分的判断做出了一些修正。

本书初版写作的时间是 2017 年，所以引用的大量资料都发表于此前。这次重印，更新、删除了部分资料，但对于不影响主要观点的论据，没有做太多的调整，请读者予以谅解。

在此，谨对中信出版集团和北京大学徐贝女士对本书此次重印所做的贡献表示衷心感谢。本书的谬误和不足之处，全部应由我本人负责。

王缉思

2025 年 2 月于燕园

序　言

我写这本小书，实在是不自量力。

这本书的中心议题是世界政治的终极目标及其相互关系。从学术上说，它可能属于高深的政治哲学范畴，或者应当是政治学理论探讨的问题。我缺乏写这个题目的学科背景。

我 30 岁那年才上大学本科，学习国际政治专业。此前十年当过牧民、农民、工人；再往前，是作为高中生参加了两年“文革”。在成年后的这头 12 年里，没有读过几本书，更谈不上读过多少世界名著。我 1978 年上大学，之后的 40 年里，除学习、教书、写作之外，有 30 年兼做学术单位的行政工作。我没有系统学习过任何社会科学知识，没有出版过任何真正意义上的学术专著，也没有获得过博士学位。因此，写一本涉及政治哲学问题或政治学理论的书，备感力不从心。

此外，如果谈到学术背景，我的专长原本是国际政治（或称国际关系），特别是当代中美关系。虽说国际政治应当属于政治学的一个分支学科，但没有学过政治学的人，谈起中美关系等现实国际问题来，完全可以讲得头头是道。换句话说，研究中美关系等现实政治问题，不是非要先读懂政治学不可。我研究过的其他国际关系问题，讲授过的国际政治理论课程，都并非同本书的主题直接相关。谈论“世界政治的终极目标”这个题目，是“跨界”了。跨界发表意见，通常会让内行人看笑话。

既然知道不自量力，为什么还要写这个题目呢?

第一个原因，是我有一些对世界政治的个人感悟，很想同读者分享。粗略估算，进入国际政治这个领域的 40 年里，累计有 7 年以上我是在国外度过的，包括长期进修、短期讲学、参加会议、自费旅游，先后踏足几十个国家和地区，接触的外国人，既有从高层到底层的政府官员和前政府官员，也有企业家、媒体人士、学者、学生，还有不懂政治的普通人。他们的政治观点从左到右、从激进到温和，五花八门。我尽力了解所接触国家的国情、政情、民情。感触最多的并非国家之间的关系，而是不同社会里的人对国家、信仰、社会组织、家庭等的不同观念。比如，国外许多穆斯林、犹太教徒、天主教徒、东正教徒、新教徒、印度教徒、佛教徒对自己宗教的虔诚态度，不到实地感受是难以想象的。从宗教场所参观出来，进入某个中餐馆，看见“招财进宝”的大字招牌和灶王爷的神像，又是另一番视觉冲击和心理感受。不同社会的人，生活目标有相同的部分，比如都追求健康，都重亲情，都想多挣钱。但如果谈到社会生活的其他方面和精神境界，各国之间、他国同中国的相异之处，就很明显了。我从接触不同国家、不同社会的人，开始了对“世界政治终极目标”的感悟。

我对这个议题的理性思考，发端于对 1993 年哈佛大学教授塞缪尔·亨廷顿发表的“文明冲突论”的研讨。1994 年我主编的《文明与国际政治》[1] 一书，收录了包括我本人在内的中国学者对亨廷顿这一理论的评论。亨廷顿认为，冷战结束后世界政治的焦点不再是意识形态冲突或大国争霸，而是以宗教界定的“文明”之间的碰撞，特别是基督教和伊斯兰教的冲突。当时，中国思想家和学者对这一论点的典型反应是：政治是关于权力和利益的，或者说政治就是争权夺利，尤其是争夺经济利益；国际政治就是国家之间争权夺利，遵循的是“丛林法则”；宗教信仰问题或同国际政治不搭界，或仅仅是政治斗争的幌子和工具。所以他们认为亨廷顿的论点完全站不住脚。在那个年代，关心国际政治的中国人，辩论的焦点是邓小平提出的“和平与发展”：和平与发展究竟是时代的“两大主题”“两大潮流”，还是“两大问题，一个都没有解决”？还有一个辩论的焦点是，世界上的主要矛盾是“东西矛盾”“南北矛盾”“西西矛盾”“中美矛盾”，还是社会主义同资本主义之间的矛盾？这些问题跟亨廷顿提出的“文明冲突论”似乎完全搭不上边。我那时就感觉到，中国跟许多西方国家、伊斯兰国家在政治话语体系方面有很大区别。话语体系方面的主要区别似乎不在于是否实行社会主义制度，是否信仰马克思主义，而在于国情、文化和历史经验不同，对政治的终极目标的理解也就大有区别。

很多中国人认为，世界如能保持长期和平和经济高速发展，像今天的中国这样，就天下太平了。但是对世界上很多人来说，“政治”不仅仅是解决和平与发展问题的。许多穆斯林和他们的领导人感觉有一块大石头压在心头，那就是西方人（多数是信仰基督教的）在世界上占据主导地位，以势压人，很不公正；感觉受以色列压迫的巴勒斯坦人，虽然也需要安定的生活和物质保障，但更需要公正，要求以色列归还原属巴勒斯坦人的家园。所以有人要进行暴力反抗，对本·拉登、“基地”组织和持激进立场的其他人或组织表示同情和支持。

美国人最崇尚的目标好像也不是“和平与发展”，而是“自由”。美国前总统布什在“9·11”恐怖袭击事件后发表的演说中声称：“恐怖分子以其所有的狡诈和残忍来打击自由，因为自由是他们最害怕的——他们理应害怕，因为自由正在进军。”布什所运用的是中国人不容易理解的一种逻辑：恐怖分子破坏的是安全、和平、稳定、繁荣，与布什所说的“自由”有何干系？恐怖分子需要的难道不正是从事暴恐活动的“自由”吗？但是，从小就从教科书里读到富兰克林·罗斯福总统所阐述的“四大自由”的美国公民，都能理解布什的逻辑。

讲出中国人和外国人对政治终极目标的不同理解，是我写这个题目的动力之一。其实，曾几何时，我们这一代中国人也把“革命战争”视为必要而正义的，“枪杆子里面出政权”是普遍真理。在那时，和平安定不是终极目标，革命才是最崇高的价值。“和平主义”是资产阶级诱使工农群众放弃革命的宣传口号，曾受到列宁的批判。“武装斗争”是1949年之前中国革命的三大法宝之一。毛泽东说过：“革命的中心任务和最高形式是武装夺取政权，是战争解决问题。这个马克思列宁主义的革命原则是普遍地对的，不论在中国在外国，一概都是对的。”[2] 但是，今天的中国不再强调武装夺取政权、战争解决问题，而是坚持和平发展道路。

所以，在不同的历史和社会条件下，政治目标可以是不同的，而且各个目标之间往往是相互矛盾的。比如，一个国家把多少财富花在公民福利上，多少花在国防上，还有多少花在维持社会稳定上，是个政治目标选择的问题。一旦公正和自由可能必须通过暴力去争取，那就只能牺牲和平。在几大终极目标之间，有时间先后的选择，还有同一时间、同一社会里掌握它们之间平衡的问题。

我研究这个题目的第二个原因，是从自己的业务工作中体会到，外交政策和国际关系的根基是国内政治，正如美国国际问题研究专家理查德·哈斯的著作《外交政策始于国内》[3]书名所示。理解国际政治，应当从了解各国国内政治、经济、社会、文化开始，而不是从外交关系开始。我曾经打过一个比喻：国际关系就好比大海中浮动的冰山上我们能看见的部分，它的运动和形状取决于海平面之下的部分和地壳的运动，也就是说国际关系取决于世界范围和各个国家内部的社会运动、经济活动、文化底蕴等；如果我们在航行的时候只观察冰山露出水面的部分，就不能了解航路上的全貌和风险，甚至有可能像“泰坦尼克号”那样撞上冰山而沉没。

几年以前，我在讲授一门课程之前做了一个小测验，发现选课的二十几位国际政治专业本科高年级学生，人人都知道亚历山大·温特是“建构主义国际关系理论”的美国领军学者，却几乎没有人知道孟加拉国是在1971年摆脱了巴基斯坦的统治而获得独立的。在我看来，对国际政治专业的中国本科生来说，后一个问题比前一个问题重要得多。这不能责怪学生，只能说我们的课程结构和教科书存在问题。

改善高等院校学生在这方面的知识结构，需要比较好的教材和参考书，也就是将比较政治学和国际政治学结合在一起的著作。遗憾的是，我没有读到几本在这个交叉领域里较好的中英文著作，所以立志要在这方面写出一两部通俗易懂、适合中国读者的书来，即使不自量力也在所不辞。本书就是我艰难尝试的第一步。

本书虽然篇幅不长，写得很浅显，但涉及的内容很广很深。我在写作中处处如履薄冰，既不敢偏信古今中外的一家之言，以之为不容推翻的定见，又不能自以为发现了真理，凭一孔之见而扬扬自得。我不喜欢“述而不作”，仅仅评述名家之论而不阐发个人见解。但是明确写出自己的观点，无论是学术观点还是政治观点，总是有风险的。中国政治是世界政治的一部分，写作本书的目的，自然也包括希望它对中国政治建设有点滴的促进作用。我在书中既不刻意回避中国，又无意借谈论国外影射国内。在谈到中国时，言不及义或未能尽言之处，只能请读者谅解了。

需要强调的是，虽然我在为阐发自己的看法而引经据典时，都尽量做了符合学术规范的注释，但本书并非严格意义上的学术著作，而是希望写成一册通俗的政治知识读本。如果它能够成为高校相关专业的教学参考书，那就更好了。

本书的完成得益于很多朋友的鼎力相助。萧辉女士为“五大目标”的理解和定位搜集了大量资料，并且修订了全书的注释。陆宁波女士仔细审读了全稿，除纠正了行文中诸多谬误之外，更对内容提出了中肯的意见。徐贝女士为我安排出许多整段时间用于写作，使我的工作和生活不至于杂乱无章。如果没有中信出版集团编辑的奉献，本书会有更多的缺憾，更不知道什么时候才能完成。

家庭美满，是我本人生活的终极目标之一。感谢妻子和儿子给了我充分的幸福感和埋头于学术的自由。哥哥、姐姐、弟弟都曾经帮助我渡过生活上的难关，并以各自的成就激励着我。父亲教给我对学术的信仰和孜孜以求、永不停歇的态度，母亲则教给我做人的道德准则和对新生事物的热情。是家人的亲情和身边无处不在的友情，让我在步入古人所说的“古稀之年”时，有勇气和精力做自己喜欢的事情。

王缉思

2017 年深秋于北京大学北阁

第一章

世界政治的主题与时代

第一节　如何理解“世界政治”

整个世界的政治发展趋势和各国国内的政治变化，越来越同中国人的前途和命运息息相关。

2023 年 10 月，第三届“一带一路”国际合作高峰论坛在北京举行。2013 年中国提出“一带一路”倡议后，“‘一带一路’合作从亚欧大陆延伸到非洲和拉美，150 多个国家、30 多个国际组织签署共建‘一带一路’合作文件”[1]，无数中国公民参与到共建“一带一路”的事业中。中国企业的商业和公民的文化教育、旅游活动范围，其实远远不限于“一带一路”沿线，而是几乎伸展到世界的每一个角落。据报道，2024 年中国有超过 130 万名留学人员在全世界 100 多个国家留学深造。[2]

在过去的十年里，中国的国际环境和对外关系发生了很大变化。美国等西方国家对中国的敌意逐渐加深。随着西方国家内部的社会矛盾加深，西方主流社会对中国公民和海外华人的歧视越来越明显。在 2020—2023 年全球遭遇新冠疫情的时候，各国防疫政策措施不同，在海外的中国人感受到不同程度的社会压力。西方国家和日本、韩国、印度等亚太国家的民意调查显示，中国在这些国家的形象需要改善。中国在世界上遇到越来越大的挑战，需要抓住机遇，规避风险，特别是防范相关国家的国内政治风险可能对中国人的生命安全和经济利益造成的冲击。

谈到国外的政治风险，人们往往首先想到的是处于贫困和动乱之中的国家，比如阿富汗、叙利亚、巴勒斯坦、缅甸等等。近些年来，缅甸政局动荡，直接影响到缅甸华侨和中缅边境地区中国公民的生命财产安全；发生在缅甸的跨境电信网络诈骗案件，让不少中国人遭受重大经济损失甚至家破人亡。缅甸、老挝、泰国交界的“金三角”地区几十年来一直向全世界非法出口海洛因等毒品。由于缅甸动乱不止，有关方面管控不力，近年来“金三角”地区的毒品贩卖、人体器官交易等犯罪活动屡禁不绝。

表面上看，发达国家（美国、日本、西欧诸国等）的政局相对稳定，社会动乱较少。其实，从 21 世纪初以来，发达国家的国内政治对中国的负面影响也越来越大。2019 年，在美国生活的华人华侨高达 540 万人，其中 300 多万人出生于中国大陆。[3] 海外中国公民的最大群体居住在北美。据统计，2022—2023 学年共有 289 526 名中国大陆留学生在美国就读，虽然同过去相比有小幅下降，但中国大陆学生仍然是美国国际学生的最大群体。[4] 因此，在世界政治中，美国政治对当代中国人的影响最大，是无可置疑的。

当今美国的政治极化和社会分裂，主要来源于美国经济结构的变化和收入分配的失衡。在资本扩张的过程中，跨国企业把产业链转移到中国、拉丁美洲等成本较低的地区，开拓海外市场，获得更大收益。随着互联网的兴起和交通的便利，高技术企业能够更顺畅地在全球市场开展业务。美国经济从生产和消费都主要在国内，转变为大量生产在海外、消费在国内，造成贸易结构的不平衡。美国经济“脱实向虚”，服务业占比上升，制造业占比下降（虽然仍然很发达），出现了产业衰退的中西部“铁锈带”。华尔街的“金融肥猫”和硅谷的技术精英，同失落的蓝领阶层的收入差距急剧扩大。

2008年爆发的全球金融危机促发了美国右翼和左翼的民粹主义政治运动。2009年兴起的“茶党运动”得到许多共和党人的支持。茶党运动秉承“小政府原则”，呼吁降低税收，通过减少政府支出来控制美国的国债和联邦预算赤字，目标对准奥巴马政府的财政政策。2011年，得到许多民主党人同情的左翼人士发动了“占领华尔街运动”，重点针对大财团大企业的贪得无厌和社会的不平等，反对这些大公司用金钱腐蚀美国政治和法治。

这两场反映美国阶级矛盾和不同政策观念的运动，却被族群矛盾和身份政治所掩盖了。事实上，黑人和拉美裔新移民是美国的弱势群体。20世纪60年代黑人解放运动后，黑人大规模地从南方的农业区移民到东部工业基地和大城市。传统工业部门衰落以后，黑人失业增加，犯罪率上升、吸毒成风、单亲家庭有增无减、无家可归愈演愈烈等社会问题随之而来，向上的社会流动越来越困难。拉美裔新移民集中在佛罗里达、加利福尼亚、纽约等州的大城市，身份不确定，收入不稳定。但是，中下阶层的白人却认为自己受到外来移民和黑人的排挤，产生了强烈的排外情绪和对黑人的反感。

阶级矛盾和族群冲突叠加的结果，造成了政治斗争的扭曲和战场的转移。美国的右派将其核心使命定义为国家和民族振兴，典型的口号是唐纳德·特朗普的“让美国再次伟大”。他们反对多元文化主义，突出美国人的本土身份，抵制移民和难民，推行或明或暗的种族主义。左派对经济平等的关注减弱了，转而更多地寻求少数族群、移民、难民、妇女、性少数（LGBTQ）群体的支持，关注如何促进各个“边缘群体”的利益，一个引人注目的口号是“黑人的命也是命”。

现在，身份政治的争斗正在把美国带向困境和分裂。美国两党的政治精英都诿过于人，企图通过夸大外部威胁，恢复国内凝聚力。2017 年 1 月至 2021 年 1 月特朗普当政时期，美国在南方边境筑墙，防止拉美人非法入境。特朗普政府通过了歧视穆斯林的移民法规，发动了对华贸易战。2021 年拜登入主白宫以后，以加强国家安全为由，维持对华贸易的高关税，对中国采取所谓“小院高墙”的技术封锁政策。美国社会的反华、排华倾向日趋严重，对亚裔（尤其是华裔）的暴力事件频发。美国国会参众两院的反华议案越来越多，涉及中国内政、外交的方方面面。各项民意调查显示美国公众对中国的负面看法大幅度上升。在国际事务中，美国两党一致的立场是将中国视为最大的战略竞争对手。美国国内政治变化对中国产生的直接影响，在几十年前是无法想象的。

无数事例说明，中国日益融入世界之后，中国人越来越需要关注世界政治。不过，一般人在谈及“世界政治”时，首先想到的是“国际关系”，比如中国同美国、日本、俄罗斯、朝鲜的关系，美国对朝鲜、伊朗的政策，等等。十几年来，国内舆论界、社交媒体热议的话题，包括钓鱼岛归属、南海争议，美国“萨德”反导系统部署在韩国，中国和印度的领土纠纷，俄罗斯对乌克兰采取的“特别军事行动”，等等，也大多属于国际关系问题。国际关系作为一门相对独立的学科，在中国已有三四十年的历史。尽管这门学科从社会科学的角度来看并不成熟，似乎也并不高深，甚至有人讥讽国际关系学者议论时政的水平还不如北京的出租汽车司机，但国际关系热点经久不息，已经深入中国人的脑海，经常引起热烈讨论，这是不争的事实。

我认为，“世界政治”作为一门学科，研究的是世界范围内政治发展的总趋势、各个国家和地区内部的政治、国家之间的关系，比通常理解的国际关系涉及的领域更深更广。[5] 比如，虽然 21 世纪初以来美国总统几次换届属于世界政治范畴，但其决定性因素跟国际关系和美国外交不甚相关，而是美国国内政治发展的结果，即便如此，美国政府和国会的政治偏好和决策仍会大大影响国际关系。又如，始于 2011 年北非国家突尼斯、埃及的所谓“阿拉伯之春”，叙利亚难民危机，极端势力在全球范围内频繁制造的暴恐活动，2016 年英国退出欧盟，2023 年 10 月开始的以色列同哈马斯的暴力冲突，都并不起源于国际关系，而是国别和地区政治演变的结果，同时又作用于国际关系。中国人了解世界政治的需求和眼光，也早已超越了国与国之间关系的视野，开始聚焦超越国界的全球问题和各国内部政治问题。

自从“文革”结束以来，中国对外求和平、对内求发展，国家越来越富强。同时，我们强调世界是丰富多彩的，不能照搬西方国家的发展模式，而要坚持中国特色社会主义道路。世界政治当然是丰富多彩的，各国各民族都有自己的特色。有的地方鲜艳夺目，吸引众多游客和投资贸易，有的地方却一时昏暗无光、贫困凋零、腐败横行。为什么在全球化深入发展的时代，国家、地区间的发展差距却没有明显缩小？为什么绝大多数国家在宪法条文中都有自由、民主、法治的内容，在政治制度和指导思想上却千差万别？美国几十年来一直是世界第一大经济体，到2024年美国经济已经基本摆脱了2008年金融危机的阴影，国内生产总值的增长幅度高于大多数发达国家，就业率也大幅提高，为什么大部分美国选民却一直感觉自己的国家“没有走在正确的道路上”，要求国家政治改弦更张？包括中国在内的东亚地区都视“现代化”为奋斗目标，但中东地区的许多政治家和公民不推崇“现代化”，反而推崇政治和社会的“伊斯兰化”，这是为什么？

这本小书想从“政治的终极目标”的角度，对世界政治的多样性和同一性做出一些解释。一方面，不同经济发展水平、不同文化背景、不同政治制度的国家及其国民，都有一些相同的善恶标准，比如爱好和平、反对战争，向往安定富足的生活。这应当是中国提出建构“人类命运共同体”的前提和基础。另一方面，人们却会为领土纷争而战，为宗教信仰不同而发生冲突，为争取自由公正而奋力反抗暴政。这只能说明，在一些情况下，一些国家、群体和个人会认为有比和平、安定和富足更值得追求的政治目标。由此我们看到，人类政治的终极目标不止一两个，而是多个，它们之间既可能彼此融洽，也可能相互矛盾。

在分析政治的终极目标之前，先要理解什么是政治。从古到今，人们对政治有着爱恨交织的矛盾认知。在许多人心目中，政治是一种恶，是一小撮儿有野心的政客之间争权夺利的肮脏交易，充斥着阴谋、暴力、谎言、操纵、腐败。早在1775年，英国人塞缪尔·约翰逊就将政治斥为“不过是飞黄腾达的工具而已”[6]。19世纪英国阿克顿勋爵所说的“权力导致腐败，绝对权力导致绝对腐败”[7]这一名言至今广为流传。马基雅维利在《君主论》中公然鼓吹，政治领袖为了争夺、维护和扩大权力，可以利用诡诈、残忍和操纵的手段。

也有人认为政治是一种善。古希腊哲学家亚里士多德在其著作《政治学》中指出，人天生是一种政治动物，人的本性具有社会性、合作性，人们能通过政治来获得更完善的生活。亚里士多德认为，人类试图改善生活并创造美好社会的活动就是政治。亚里士多德把知识看成“善”的学问，认为研究个人之善的学问是伦理学，研究家庭或村落之善的学问是经济学，研究城邦或国家之善的学问是政治学，而城邦或群体的善是最高的善，因此亚里士多德把政治学看成“最高的学问”。法国18世纪的思想家让-雅克·卢梭认为，政治参与是一种内在的善，只有所有公民直接且并非简单地参与政治生活，国家才能真正服务于公益。

其实，政治就像经济、法律等许多事物和现象一样，也有两面性，既可以看到肮脏的、向恶的政治，也可以发现清明的、向善的政治。即使像许多人简单理解的那样，“政治就是权力斗争”，也有“好人斗坏人”“坏人斗坏人”“坏人斗好人”之分，而判断谁是好人、谁是坏人，取决于观察者的政治立场。在全球化时代，无论是在国际大都市纽约，还是在人烟稀少的阿富汗山区，人们都很难逃离政治。诚如美国政治学者罗伯特·达尔所说："每个人，无论你是否喜欢，事实上都不能完全置身于政治之外。一位公民，在某个国家、城镇、学校、教会、商号、工会、俱乐部、政党、公民社团以及大量其他组织的治理机构中，都会碰到政治。"[8]更不用说，中国人所受的教育一直要求我们"讲政治"，要有"政治意识"。

"政治"这个概念在中国和西方都由来已久。在古代中国，"政"和"治"两个字更多的是分开使用。"政"指国家的权力、制度、秩序和法令。"政"在儒家经典中也指"正""善"的生活，如"政者，正也。子帅以正，孰敢不正？"[9]。"治"也常用于两种含义：一是指管理和教化人民，二是指社会安定、秩序良好的状况。到了近代，日本人在翻译西方概念时造出了汉字的"政治"一词。在把"政"和"治"合成"政治"一词使用的中国人中，最有影响力的是孙中山。孙中山对"政治"的定义是："政就是众人之事，治就是管理，管理众人之事就是政治。"[10]

政治的英文是 politics，其词源是古希腊语 polis，指城堡或者卫城，即人们商议公务的地方。由此，政治可以理解为与城邦有关的事务，转化到现代，就是与国家有关的事务。[11]把政治界定为国家事务，是自古以来人们的一般理解。

现代西方社会出现了多元化，政治活动已不限于政府、议会、政党。政治学在西方发展成一门独立学科以后，"政治"的定义更加五花八门，不下数十种。英国政治学者安德鲁·海伍德把对政治的定义归纳为四类：作为政府艺术的政治，作为公共事务的政治，作为妥协和共识的政治，作为权力和资源分配的政治。[12]按照海伍德的分类，政治不仅仅是国家事务，还像孙中山所说，是“管理众人之事”。

美国政治学者哈罗德·拉斯韦尔 1936 年出版了一本经典著作——《政治学：谁得到什么？何时和如何得到？》（*Politics: Who Gets What, When, How*），在标题上就给政治下了一个简明的定义。拉斯韦尔认为，政治学研究的任务在于说明价值和权力之间的相互依存关系，价值如何影响权力的分配和利用，关于权力的定位和利用又怎样影响种种价值的分配。因此，政治学涉及政治关系：谁得到什么，何时得到以及如何得到。政治可以被视为围绕稀缺资源的争斗，权力则是进行斗争的手段。但是，拉斯韦尔热衷于研究政治权贵集团和政治权势人物如何利用权力去获得社会上值得向往的东西。权势人物取得的社会价值最多，他们是社会精英，其余的人是普通民众。精英通过象征、暴力、物资和实际措施等获取最多的社会价值。拉斯韦尔列举了三种社会价值：安全、收入和尊敬。[13]

美国政治学者戴维·伊斯顿在 20 世纪五六十年代的学术著述中，把政治界定为“为一个社会对价值进行权威性分配”。这是当代政治学界广泛接受的一个定义，也是我本人十分认同并在本书中贯穿始终的一个概念。在伊斯顿论述政治系统结构的三部著述中，他详细阐述了一个政治系统如何通过互动，为一个社会权威性地分配价值。他提到，政治包括很多不同过程，在这些过程中对社会压力进行反馈，通过对利益的奖赏或惩罚来达到目标。伊斯顿认为，政治学研究涉及各种权威性的分配方法或政策，它力求了解各种价值如何被权威性分配给整个社会。[14]

关于什么是“价值”，另一位美国政治学家小阿尔蒙·勒罗伊·韦为伊斯顿提出的解释是：“价值可以是任何物品、活动、观念、原则、目标或者其他现象，很多人将可估的价值加于其上。这一价值被政治共同体中的许多个人和群体视为良好的、可取的、有吸引力的、有用的、有报酬的、可受益的或者有利的。某一套价值可能是有形的或物质的，即以货币、财产或其他形式存在的经济产品、服务和条件。另一套价值可能是无形的，即象征性的、意识形态的、文化的、道德的、宗教的。无形的价值在当代美国政治中的实例包括政治活动家表达的目标，他们说自己关注‘社会’或‘家庭’问题，着力推崇或维护‘社会’或‘家庭’的价值。”[15]

伊斯顿这段话有点绕，简要概括并加以延伸，是这个意思：价值是一个社会中被许多人视为好的、有用的东西，包括货币、财产等有形的价值，也包括文化、宗教等无形的价值。美国人崇尚的自由主义或者保守主义价值观，部分美国人坚持的同性恋者的权利，都在“价值”的范畴之内。

拉斯韦尔和伊斯顿在其著述中，还用“稀缺资源”（scarce resources）来解释什么是“价值”，这就使该概念更清晰、更容易应用了。1983 年，伊斯顿作为美国加州大学欧文分校教授到北京大学国际政治系讲学。我清楚地记得，当他解释“稀缺资源”时说，有些资源在社会上看起来没有什么价值，但到了它稀缺的时候，就有了价值。他举例说，如果干净的空气在某种社会环境下成为稀缺资源，那么如何权威性分配干净的空气就成了政治问题。这位老教授的预见力令人钦佩——30 多年后气候变化问题成了世界政治的热点，碳排放交易是“权威性分配”干净空气的典型案例。

关于什么是“权威性分配”，最容易理解的一种情形，是国家与政府的决策及其执行。但在我看来，生活中很多与政府无关的事也可以看成政治。比如，在一个单位里评技术职称。职称的名额通常小于申请者的人数，因此职称属于“稀缺资源”，也就有了“价值”。单位评职称，大多是在特定时间里，通过评议、投票、上级部门批准等具有“权威性”的程序，将名额“分配”给个人。同时，评职称也符合拉斯韦尔的“政治”定义——“谁得到什么？何时和如何得到？”。从这个意义上说，评职称是典型的政治过程，只不过是“微观政治”。

本书所关心的当然不是评职称式的微观政治，而是国际社会和各国社会内部的宏观政治，但这些政治现象不仅仅和国家或政府相关。同伊斯顿和许多政治领域的著述不同的是，本书把关注的重心放在什么是世界政治中的价值或稀缺资源，也就是各国社会所追求的政治目标，而不是主要关注政治系统及其运作方式、过程和结果。政治价值、目标和主题，既是客观存在的，也是主观判断出来的。它们在人类历史发展的不同阶段、不同的社会里，有不同的取舍和侧重。

第二节　当今时代及其政治主题

我对世界政治目标的探究，是从思考“和平与发展是当代世界的主题”这一论断的含义开始的。

20 世纪 80 年代，邓小平提出了“和平和发展是当代世界的两大问题”的论断。邓小平指出：“现在世界上真正大的问题，带全球性的战略问题，一个是和平问题，一个是经济问题或者说发展问题。和平问题是东西问题，经济问题是南北问题。概括起来，就是东西南北四个字。南北问题是核心问题。”[16] 1987 年，中共十三大明确把“和平与发展是当代世界的主题”的论断载入党的纲领性文件。此后一直到中共十八大的报告，都遵循这一提法。2017 年，中共十九大报告又一次指出：“和平与发展仍然是时代主题。”直到 2022 年的中共二十大，“和平与发展仍然是时代主题”的提法才从党的文件中淡出。不过，坚持走和平发展道路，仍然是中国内外宣传的一个基本方针。

“和平与发展是时代主题”这一论断的战略和政策含义需要认真领会。同时，作为一名政治学者，我难免想到几个带点儿学究气的问题：何谓“时代”？一个时代大概有多长时间？人类历史可以划分为哪些时代？这些时代分别有哪些主题？如何从时代万象中抽象出主题？横向来看，在世界政治中，能否找到所有国家、所有社会、所有文明载体都追求的、跨越时空的主题，从中提炼出我所说的“政治的终极目标”？如果有，这些主题和目标是什么？它们之间的相互关系如何？这些问题就是本书的出发点。

有的国际问题专家指出，按照马克思主义学者的观点，时代即依据某种特征为标准划分的社会发展的历史阶段，时代属于世界发展进程和基本方向的最高战略概括，是国际政治所处的大环境。[17] 还有专家指出，时代主题是指在一定历史阶段内，由世界主要矛盾所决定、反映世界基本特征并对未来发展有全局性战略意义的问题。[18]但是，对时代和时代主题的上述界定仍然比较笼统，难以完整回答我的上述提问。

在马克思主义发展史上，关于“时代”的话语体系是列宁首创的。用列宁的话来说：“只有首先分析从一个时代转变到另一个时代的客观条件，才能理解我们面前发生的各种重大历史事件。这里谈的是大的历史时代。每个时代都有而且总会有个别的、局部的、有时前进、有时后退的运动，都有而且总会有各种偏离运动的一般形式和一般速度的情形。我们无法知道，一个时代的各个历史运动的发展会有多快，有多少成就。但是我们能够知道，而且确实知道，哪一个阶级是这个或那个时代的中心，决定着时代的主要内容、时代发展的主要方向、时代的历史背景的主要特点等等。只有在这个基础上，即首先考虑到各个‘时代’的不同的基本特征（而不是个别国家的个别历史事件），我们才能够正确地制定自己的策略；只有了解了某一时代的基本特征，才能在这一基础上去考虑这个国家或那个国家的更具体的特点。”[19]上述引文清楚地说明，列宁关于时代论述的出发点，是为了指导革命实践。

列宁敏感地观察到1917年俄国十月革命前夕国际形势发生的重大变化。他认为，西方主要资本主义国家的霸权争夺进入了你死我活的白热化阶段，资本主义的自由竞争时代已经过去，进入了垄断阶段，即帝国主义阶段，世界于是从资本主义时代进入“帝国主义时代”。列宁同时还提出了两个重要的观点：第一，帝国主义就是战争；第二，战争必然引起革命。因此这一时代被斯大林称为“帝国主义和无产阶级革命时代”。[20]

据此可以得出结论：战争与革命是列宁所在那个时代的主题。从一战和俄国十月革命，到更为惨烈的二战和战后中共领导的推翻国民党统治的革命，再到20世纪50—70年代的朝鲜战争、越南战争，以及风起云涌的亚洲、非洲、拉丁美洲的民族解放运动和武装斗争，这个以“战争与革命”为主要特色的历史阶段长达六七十年。其间还发生了阿拉伯国家和以色列之间的五次中东战争、印度和巴基斯坦之间的三次战争。

在这一时代，西方发达国家的国内政治也远非风平浪静。美国作家威廉·曼彻斯特的名著《光荣与梦想：1932—1972年美国叙事史》记叙了美国社会的若干次剧烈动荡，比如1965—1967年美国死伤达几千人的种族骚乱，政府出动上万名国民警卫队成员进行暴力弹压。[21]美国黑人反对种族歧视、争取自由权利的斗争，美国国内反对越南战争的群众运动，亦可谓波澜壮阔。1968年5—6月法国爆发了一场大规模学生罢课、工人罢工的运动，致使整个法国的经济生活陷入混乱状态，史称“五月风暴”。

从中华人民共和国成立到20世纪70年代中后期，中国领导人一直密切关注国际战争的阴霾和世界局势的动荡。就“时代”的大判断而言，总体来说中国还是坚持“帝国主义和无产阶级革命的时代”的列宁主义观点，对战争危险和革命浪潮两者都估计偏高。这也是那一时期中共党内出现极“左”倾向的反映。1966年，中共中央副主席林彪说：“毛泽东思想是在帝国主义走向全面崩溃，社会主义走向全世界胜利的时代的马克思列宁主义。”[22] 1970年，《人民日报》、《红旗》杂志、《解放军报》联合发表的元旦社论指出："七十年代，将是人民革命风暴在全世界更大兴起的年代，将是帝国主义在重重矛盾中加速崩溃的年代，将是全世界革命势力同垂死挣扎的反革命势力进行剧烈搏斗的重要年代。"毛泽东在1970年指出："新的世界大战的危险依然存在，各国人民必须有所准备。但是，当前世界的主要倾向是革命。"[23] 1973年，周恩来在中共十大的报告中说："国家要独立，民族要解放，人民要革命，已成为不可抗拒的历史潮流。"[24] 这也是改革开放之前中国关于时代特征的标准提法。

从"战争与革命"到"和平与发展"的时代转换，既是世界客观形势变化的结果，又是中国领导人根据世界客观形势和国内外政策调整的需要做出的主观判断。[25] 20世纪80年代初，世界潮流发生了明显变化。罗纳德·里根和玛格丽特·撒切尔分别在美国和英国主政，通过减税、私有化、减少政府对经济的干预、缩减社会福利等手段，强力推动自由市场经济，采取强硬的对苏政策。欧洲主要国家和日本也受到这种政治思潮的影响，整个西方世界在"向右转"。苏共总书记勃列日涅夫1982年去世前后，苏联政治活力下降，经济停滞不前。1985年戈尔巴乔夫上台后，对内推行政治公开化，对外同西方缓和关系。世界社会主义走向低潮。日本和"亚洲四小龙"（韩国、新加坡、中国台湾地区、中国香港地区）经济快速发展。正是在这一历史背景下，中国领导人做出了和平与发展是时代主题的战略判断。几年之后冷战结束，进一步佐证了这一判断。

我认为，2022年的中共二十大不再坚持"和平与发展仍然是时代主题"的说法，对于我们认识当今时代的变化，具有重要的启示意义。2023 年 12 月召开的中央外事工作会议指出，世界大变局加速演进，世界之变、时代之变、历史之变正以前所未有的方式展开，世界进入新的动荡变革期。这次中央外事工作会议提到的世界大局变化，突出了中国国际地位与作用的提高和加强，同时还提到资源全球配置造成的国家间和各国内部发展失衡问题，逆全球化、泛安全化、单边主义、保护主义等阻碍世界经济健康发展的结构性难题。[26]

世界政治的不稳定性和不确定性增加，进入新的动荡变革期，必须应对以下八个方面的挑战。

第一，世界经济发展速度放缓，全球范围的收入分配失衡，国家之间、各国内部的贫富差距扩大。用传统政治语言表述，就是阶级矛盾更加尖锐。

第二，由族群、教派身份认同界定的政治斗争越发激烈，同阶级矛盾相互交织，引起了更大的社会分裂和动荡。

第三，民粹主义和民族主义同时上升，相互呼应。

第四，在很多非西方国家，冷战结束后的“民主化浪潮”消退，强人政治和威权政府回潮。在西方国家，民众对政治体制和政治领导人的信任度下降，美国等一些国家出现了宪政危机。

第五，全球范围内的人口发展失衡，南亚、中东、非洲的人口增长迅速，而欧洲、俄罗斯、中国、日本等地区和国家人口增长缓慢甚至下降。移民（包括合法的与非法的）和难民问题成为引起很多国家社会分裂的重要因素。

第六，气候变化、生物多样性丧失、环境污染等全球生态环境恶化现象突出，新冠病毒传染造成的生命财产损失需要几十年才能弥补，公共卫生领域出现严重赤字。

第七，世界范围内的地缘政治竞争和地区冲突加剧，拥有核武器的国家数量越来越多，军备竞赛和大国战争危险再度出现。

第八，技术创新加速发展，改变了当代人类的生活方式和思维方式。一方面，人工智能等领域的技术突破解放了生产力，促进了人类健康，便利了生活；另一方面，技术创新又可能服务于制造更可怕的杀人武器及制造和传播虚假信息等危害人类安全、破坏社会稳定的目的。

如果说20世纪80年代之前的时代主题是“战争与革命”，之后被“和平与发展”取代，现在世界又进入了新的动荡变革期，那么20世纪之前的世界政治史能否划分时代并且找出各个时代的主题呢？我的回答是肯定的。

第三节　历史上的时代主题

我们可以把从公元前2000年到16世纪的人类历史时期统称为“农耕时代”。同近现代相比，这3 000多年人类的经济、技术、文化、政治进步都相对缓慢，如果单拿出一二百年，几乎看不出重大变化。今天撒哈拉以南的非洲、拉丁美洲、大洋洲地区的人群与欧亚大陆在彼时相互隔绝。就欧亚大陆和北非而言，边界模糊且不断变更的帝国相互征战，争夺土地、奴隶、财产，商品贸易逐渐发展，以宗教为依托的各个文明体系之间既相互借鉴，也存在战争和冲突。简而言之，帝国和王朝的交替与兴亡，一直伴随着征战、奴役、商品交换和以宗教为名的冲突，构成农耕时代的主题。

16 世纪初到 20 世纪初的大约 400 年，可以被称为“西方扩张时代”。14 世纪开始的欧洲文艺复兴促进了思想解放，其核心是肯定人的价值和尊严。罗马教皇和教会的地位被动摇，政教合一的政治体制遭到质疑。思想自由推动了技术创新和生产力的发展，远洋航海与工业革命同时出现。

跨越大洋的航海时代，赋予葡萄牙、西班牙、荷兰、英国、法国、德国等欧洲列强以发展生产和拓展市场的巨大优势。美国独立后，很快加入西方扩张的行列。技术革新激发的工业革命在 18 世纪下半叶加速，推动了军事技术创新和军火工业。“地理大发现”之后，欧洲殖民主义者开始捕获和贩卖非洲黑人奴隶，用船将他们运到美洲种植园。至 19 世纪末，帝国主义列强已将世界各地的殖民地瓜分完毕。

长达四个世纪的西方扩张时代可以划分为若干个历史时期，世界各地的政治发展也很不均衡。概括起来，世界政治在许多方面发生了巨大变化。

第一，现代主权国家和国际体系开始形成。

1648 年的《威斯特伐利亚和约》确定了以主权平等为基础的国际关系准则。曾经一统欧洲的神权世界趋于瓦解，同神权国家相对立的、以民族为主体的国家开始登上历史舞台，国家之上不再有任何权威，欧洲自此不再有以宗教名义进行的战争。17 世纪欧洲形成的国际体系和秩序，随着西方扩张推广到其他大陆，为今天的国际体系和全球秩序奠定了物质基础和思想基础。

第二，西方的扩张既推动了全球财富的增加和现代化进程，又加剧了世界经济和社会发展的严重失衡。

美国历史学者伊恩·莫里斯的研究显示，从6世纪至18世纪中叶（中国隋唐至清代中期），欧亚大陆的东方都比西方更为先进、发达。[27]直到中国清代康熙、乾隆时期，西方社会才爆发了一系列工业革命和政治革命，跃上了世界文明进程的制高点。当然，西方的先进和发达，是以牺牲后发国家的发展、残暴压迫落后民族、掠夺殖民地和半殖民地的资源为代价的。在急剧变化的世界面前，清王朝在内忧外患的形势下，崩溃之势无法挽回。南亚次大陆的莫卧儿王朝、横跨亚非欧三大洲的奥斯曼帝国，由于因循守旧，权力过分集中，由盛而衰，败在欧洲扩张主义者脚下。曾经灿烂辉煌的伊斯兰文化一时显得相形见绌。

西方扩张时代见证了人类经济史上前所未有的增长速度和财富积累。世界各地种族、民族、国家之间经济与政治上的不平等，也达到人类历史上空前的程度。西方的生产方式、生活方式、政治经济制度、意识形态，成为现代化和文明的标志。

第三，西方的资产阶级革命推动了世界政治的深刻变革。

在西方扩张时代，世界各国的一系列政治变革轰轰烈烈。取得重大成功者始于英国，终于日本。17世纪80年代的英国“光荣革命”确立了议会制君主立宪制。1787年的美国宪法确立了立法、司法、行政三权分立的联邦政治体制。始于1789年的法国大革命推翻了统治法国多个世纪的波旁王朝，摧毁了君主专制制度，鼓舞了其后欧洲各国的独立和革命。1682—1725年在位的俄国沙皇彼得大帝推行了欧洲化改革，为俄罗斯帝国的强大奠定了基础。沙皇亚历山大二世于1861年推行废除农奴制的改革，大大推动了工业发展。日本的明治维新建立了君主立宪政体，使日本成为第一个走上工业化道路的亚洲国家，仅用了三四十年的时间，就跻身于世界强国之列。上述革命和改革，不论其是否彻底，结果都加速了农耕时代遗留下来的专制统治的灭亡，推动了选举制、议会制、多党制、司法独立的建立，并使之在长期的发展中日趋完善。

如果用几个中心概念描述西方扩张时代的政治主题，那就是国家主权平等、思想解放、资产阶级革命、殖民压迫、发展失衡、民主共和制度。

在这里归纳人类历史上不同时代的政治主题，目的在于寻找跨越时空的政治终极目标。“主题”同“目标”既可以相同，也可以不同。比如，和平可以既是主题，又是目标，但战争、革命、殖民压迫、发展失衡、宗教冲突等，虽可以反映一个时代的特征，但很少有人会把它们当成目标。主题可以是坏东西，但目标必须是多数人眼里的好东西，是值得获取并长期占有的东西。

第二章

世界政治目标的辨识

考察世界历史上的帝国兴衰、朝代更替、宗教冲突、殖民扩张、阶级革命、民族解放、国家独立、民主改革、经济发展等现象时，我们可以发现在不同时代和不同国家中，确实存在不同的政治主题。在不同的政治主题下，可以看到跨越时空的许多政治目标，比如财富、利益、权力、和平、安全、稳定、秩序、团结、合作、和谐、信仰、自由、民主、法治、统一、公正、平等、尊严等。中共十八大以来明确倡导的社会主义核心价值观，表述为24个字：富强、民主、文明、和谐、自由、平等、公正、法治、爱国、敬业、诚信、友善，其中包含了若干跨越时空、国家、民族、文化的政治目标，为全世界所公认。习近平总书记指出："作为负责任大国，中国坚守和平、发展、公平、正义、民主、自由的全人类共同价值，坚持共商共建共享的全球治理观，坚定不移走和平发展、开放发展、合作发展、共同发展道路。"[1]

个人生活和工作中同时存在多个目标，我们需要给这些目标排出个主次，还要区分短期目标和长远目标。前文提到的那么多政治目标，有的存在部分交叉因素，有的在一些社会和一些人中受到推崇，而在另一些社会和另一些人中不受重视甚至遭到排斥。我提出“终极目标”的概念，就是要试图找出当代世界绝大多数国家、社会和从事政治活动的个人都接受的长远目标。

政治的终极目标问题，大约等同于中国政治学者任剑涛所论述的政治价值“诸神之争”。他认为：“任何一个人都是在各种斗争着的终极价值之间决断自己信从的终极价值的。”[2] 任剑涛还认为：“站在各种不同价值立场的政治论说‘诸神’，主张的就是不同甚至对立的终极价值及其相关制度。自由、平等、公正、法治、革命、宪政、秩序等基本政治价值，在不同的政治论说‘诸神’那里，得到大不相同的阐释。对于一个试图了解政治生活并进入其中的普通人来讲，这些主张的对峙性令人怵目惊心，一时之间不知何去何从。”[3] 本书区别于任剑涛所论述的“诸神之争”，试图在诸多政治目标或政治价值中挑选出若干终极目标或终极价值，以区别于过渡性或功能性的目标和价值。

在这里以教育事业为参照，我们来看一下过渡性目标和终极目标的区别。教育的过渡性目标或功能性目标，是教人读书写字、遵守公共道德，讲授科学文化知识等。很多教育工作者认为，教育的根本目的或终极目标，是把自然人、感性人提升为社会人、理性人，努力使受教育者达到崇高的精神境界。有些人则强调教育的政治功能，认为教育的根本目的是提高民族素质，为国家培养更多更好的人才。无论持哪种观点的人，都不会把讲授语文、数学、物理等课程作为教育的终极目标。在政治生活中，团结、稳定、秩序、革命、改革等目标很重要，但是我认为，它们要服务于一些更为根本性的目标。

识别哪些政治目标是终极目标（或终极价值），它们之间的关系如何，“这些正是政治哲学的中心问题”[4]，同时也是很有意义而又很容易引起争论的政治实践问题。在此我先引用研究政治哲学的英国学者戴维·米勒在《政治哲学与幸福根基》一书中的几段话，然后再做出自己的解释。

> 假设我们去问一个政治家他有哪些目标，他所属的政治团体想要实现哪些目的或价值。如果他身处当代西方社会，那么他也许会提出一个料想中的清单：法律和秩序保障、个人自由、经济增长、充分就业以及另外一两个目标。一个政治哲学家对此会作出什么反应呢？她首先会把关注焦点放在这些目标本身上，探究哪些才是真正终极的目标。比如说经济增长，它究竟是一个价值上自足的良善目标，抑或其好处仅在于为人们提供更多的选择机会或者使人们的生活更加健康快乐呢？我们能否假设更多的增长总是好的，抑或增长到达某一点后就不再对那些真正重要的东西有所助益了呢？对于充分就业也可以提出相似的问题。我们重视充分就业，是因为我们相信人们从事有酬劳的工作具有实质性价值，还是因为人们没有工作就无法过上体面的生活呢？但如果后者是正确的，那为什么不让人人都有一份收入而不管他们是否工作，再把工作变成那些爱好工

作的人的一项自愿活动呢?

我们的政治哲学家还会问，政治家所列出的不同目标是怎样相互联系起来的。政治家很少承认自己可能必须牺牲一个目标以便实现另一个目标，但事实上他们也许会这样做。以法律和秩序保障与个人自由为例，我们能否通过限制个人自由让街区更加安全——比如给警察以更大的权力去逮捕那些他们怀疑将要从事犯罪活动的人?如果这样的话，何种价值具有更高的优先权?当然，为了解决这个问题，我们需要更精确地说明个人自由的含义。它仅意味着可以做你想做的一切，还是指只要不伤害他人就可以做你想做的事情呢?这对我们所提的问题来说是非常重要的。

在提出这些问题和暗示某些答案时，政治哲学家没有（或者不需要）借助于任何深奥的知识形式。他们鼓励读者对自己的政治价值观进行反思，弄清在终极分析中自己最关心的价值是哪些。沿着这条道路，他们也许会添加一些新的知识信息。例如，在对经济增长的价值进行深入思考时，也有必要看看物质生活水平迥异的人们在生理指标（譬如健康度和死亡率）和心理指标（譬如对生活的满意度）上情况如何。因此，政治哲学家需要很好地掌握社会和政治科学知识。[5]

我认为这几段话里最值得注意的有三层意思：第一，政治家会提出诸如秩序、个人自由、经济增长、就业等目标，他们也许不愿意承认这些目标之间可能相互矛盾，需要牺牲一个去实现另一个；

第二，政治哲学家需要去探究哪些是真正终极的目标，这些目标之间的相互关系是什么；第三，如何判定终极政治目标跟个人价值观有关，这没有现成的固定答案。

在《政治哲学与幸福根基》这本书里，米勒显然对于把经济增长作为“终极目标”的观念很不以为然，认为个人自由、权利、平等同样重要。无独有偶，以色列历史学者尤瓦尔·赫拉利也辛辣地讽刺了当代各国领导人把经济增长视为宗教般的“最高价值”的观念。赫拉利说：“资本主义深信‘增长’这一最高价值，可以说其第一条训诫就是：投入利润，促进增长。……资本主义绝不会在某个时刻忽然说：‘好啦，增长已经够了，我们轻松点吧。’”[6] 赫拉利主张，为了保护地球生态和人类文明，需要适当放慢科技进步和经济增长的脚步。

根据我对若干政治学著作的理解，以及对现实世界政治的观察，我暂且设定安全、财富、信仰、公正、自由是世界政治的五大终极目标，并在本书第三章至第七章中一一做出求证。

安全、财富、信仰、公正、自由这五大政治目标，是各国政府、从事政治活动的组织和个人普遍追求的，在世界各国的宪法和官方文件中都不难找到。

美国的《独立宣言》开宗明义地宣示了美国人的宗教信仰，并发出那一时代的最强音：“我们认为下面这些真理是不言而喻的：所有人都被创造为是平等的；造物者并赋予他们若干不可剥夺的权利，其中包括生命、自由和对幸福的追求。”[7] 而美国宪法的序言只有一句话：“我们，合众国的人民，为了组织一个更完善的联邦，树立正义，保障国内的安宁，建立共同的国防，增进全国福利和确保我们自己及我们后代能安享自由带来的幸福，乃为美利坚合众国制定和确立这一部宪法。”[8]中国学者何怀宏详细考证了《独立宣言》的文本和含义，总结出这一文件所反映出的美国基本价值是“生存、自由、幸福、独立、信仰与平等”。[9]

法兰西共和国的口号“自由、平等、博爱”深入人心。法国《人权宣言》则强调对人权的保护：“在权利方面，人人与生俱来而且始终自由与平等。非基于公共福祉不得建立社会差异。……一切政治结合均旨在维护人类自然的和不受时效约束的权利。这些权利是自由、财产、安全与反抗压迫。”[10]

阿根廷宪法开宗明义：“……为了确立全国团结、维护正义、巩固国内和平、处理共同防务、提高全民福利，并确保我们自己、我们的后代以及世界上一切希望在阿根廷国土上生活的人们享受自由的成果。在一切理智和正义的源泉——上帝的庇佑下，制定并颁布阿根廷国家宪法。”[11]

俄罗斯联邦宪法在序言中这样阐释：“我们，因共同的命运在自己的土地上联合起来的俄罗斯联邦各族人民，确认人的权利与自由、公民的和睦与团结，维护历史形成的国家统一，根据公认的民族平等和民族自决准则，缅怀先辈并表达对祖国的热爱与尊重，确信善良与正义，复兴俄罗斯主权国家并确立牢固的民主基础，致力于保障俄罗斯的富强与繁荣，基于对当代和下一代应承担的维护祖国的责任，意识到自己是国际社会的一部分，特制定俄罗斯联邦宪法。”宪法第二条则承诺：“人、人的权利与自由具有最高价值，承认、遵守和保护人和公民的权利与自由是国家的义务。”[12]

二战后日本制定的宪法被称为“和平宪法”，强调和平非战：“日本国民期望持久的和平，深知支配人类相互关系的崇高理想，信赖爱好和平的各国人民的公正与信义，决心保持我们的安全与生存。我们希望在努力维护和平，从地球上永远消灭专制与奴役、压迫与偏见的国际社会中，占有光荣的地位。我们确认，全世界人民都同等具有免于恐怖和贫困并在和平中生存的权利。”[13]

伊朗宪法阐释了宗教的重要价值，总纲第一条确定：“伊朗政体为伊斯兰共和制。它建立在伊朗人民对真理政府与体现公正品性的《古兰经》所固有的信仰之上。”第二条详细规定了信仰的具体内容，其中提到人类的崇高尊严、价值以及契合对真主承担职责的自由。但是伊朗宪法也允许民众信仰其他宗教：“信奉琐罗亚斯德教、犹太教和基督教的伊朗人只是作为少数宗教信仰群体得到承认，他们在法定范围内有权自由举行宗教仪式，并且，在个人事宜和宗教教育中，有权根据其习惯行事。”[14]另一个伊斯兰国家巴基斯坦的宪法阐明“彻底贯彻伊斯兰教所规定的民主、自由、平等、容忍和社会公正的原则”[15]。

非洲大国尼日利亚 1999 年宪法规定：“我们尼日利亚联邦共和国人民坚定而庄严地生活在神指引下的团结、和谐、不可分割、不可解散的主权国家，致力于促进非洲内部团结、世界和平、国际合作和理解，并促进良治政府，促进全体国民的福祉，遵循自由、平等、公正之原则。”[16]

世界各国都将保障安全、促进国民福祉（一般都表现为财富的拥有）、维护信仰、社会公正、个人自由列为国家的目标。宪法对于多数国家来说是庄严而长久不变的，那么宪法中的这些目标也就是其制定者心目中的终极目标。本书如下几章，将分别阐述这五大目标的内涵及在政治中的地位。这里可能产生疑惑及争议的是，为何本书没有将政治生活中的其他许多目标和主题列为“终极目标”。下文将对其一一加以辨识。

利益和幸福

有人说，政治活动的目标不外乎追求利益，个人从政的目标不外乎追求个人和集体的幸福。这种说法当然没错。19世纪英国著名思想家约翰·斯图尔特·密尔（或译为约翰·穆勒）说，人类行为的唯一目的是求得幸福，所以对幸福的促进就成为判断人的一切行为的标准。[17] 不过“利益”“幸福”都是过于宽泛、无所不包的概念。经济发展、国家安全固然服务于利益和幸福，还有人说意识形态和宗教也是为了促进利益和幸福的获得。如果“利益”“幸福”无所不包，它们就跟“目标”是同一个意思，我们说政治目标是维护利益、追求幸福，就成了同义反复。

权力

西方国际政治学中现实主义学派的鼻祖汉斯·摩根索强调，权力是国家利益的中心内容。他在经典著作《国家间政治》中写道：“无论国际政治的最终目标是什么，权力总是它的最直接目标。”[18] 争取权力的斗争在时间和空间上都是普遍存在的，是不可否认的经验事实。在这里，他承认权力是政治的直接目标，却未必是终极目标。摩根索的理论针对的是将道德标准置于国家利益之上的战略思路，反对超越国家实力的利益诉求。

无论是在国际政治还是国内政治中，掌握权力及其所代表的地位，都是获得其他目标的手段。在中国，一种流行的观点是：政治的核心是国家政权；在阶级社会中，一切政治斗争都是围绕着国家政权问题展开的。但政治学常识告诉我们，这一观点似是而非。国家和政府是为政治秩序、国家安全、社会公正、人民幸福这些目标而设立的，而不应该是这些目标服务于国家和政府的权力。

毫无疑问，“权力”，特别是国家政权，是一切政治活动的中心和最重要的因素。只有掌握一定的权力，才能从事和影响政治，但是“获取权力”并非国家、政治组织和从政者所宣称的最终目标。无论是希冀夺取国家政权的革命党、革命者，还是当政者或西方民主政体中的在野党，都不会把“我要夺权（掌权）”作为自己的革命运动或竞选活动的最终目标，而是把维护安全稳定、发展经济、保障社会福利、促进自由公正、践行信仰等作为夺权或继续掌权的目标，以获取大众的支持及政权的合法性。

同理，一个国家在国际上运用权力维护自身利益是无可非议的。但如果宣称本国权力是最终目标，或者像特朗普那样，坚持“美国优先”（America first）的原则，不惜违反国际规则、侵犯他国权益，就会遭到国际社会的批评，反过来损害本国利益。中国领导人历来反对世界事务中的霸权主义和强权政治，近年来进一步倡导“人类命运共同体”的理念，即国际社会日益成为一个你中有我、我中有你的命运共同体，面对世界经济的复杂形势和全球性问题，任何国家都不可能独善其身，不能将本国权力置于人类命运之上。这一理念得到国际社会的广泛称赞和支持，也从一个侧面说明将权力视为政治的终极目标是不可行的。

稳定、秩序、和谐

稳定、秩序、和谐是紧密相关的三个政治概念和目标。

“稳定压倒一切”[19]，是邓小平理论的一个基本观点。“维稳”是改革开放时期人们耳熟能详的政治实践。1989 年 2 月，邓小平在会见美国总统布什时指出：“中国的问题，压倒一切的是需要稳定。没有稳定的环境，什么都搞不成，已经取得的成果也会失掉。”[20]从邓小平的上述谈话中可以体会到，稳定是取得并维护经济建设和改革开放成果的必要环境保障，而非最终目标。

秩序只有在稳定的环境下才能维护。国内政治秩序需要国家机构运用其权力规范政治活动，遏制非法活动。国际秩序则包括两项基本内容：一是主要国家和国家集团的权力结构和实力对比，二是处理国家间关系应遵循的规范。维护秩序本身是目标，但同稳定一样，秩序更是实现其他目标的环境和保障。

十多年以前，“和谐”作为一个理念在中国占有特殊地位。2006 年 10 月召开的中共十六届六中全会正式提出了“构建社会主义和谐社会”的目标。中国要构建的和谐社会的特点是：通过调动一切积极因素来增强全社会的创造活力；通过协调各方面的利益关系来维护社会公平；通过营造良好的社会氛围来形成良好的人际环境；通过加强民主法治建设来维护社会稳定；通过处理好人与自然的关系来保证可持续的发展。中国倡导的“和谐世界”是“坚持多边主义，实现共同安全；坚持互利合作，实现共同繁荣；坚持包容精神，共建和谐世界”。

不少人还指出，中华文化的精髓就是和谐。他们引述 2 500 多年前老子所著《道德经》中的内容，说明“道法自然”“大道和谐”的思想折射了中华民族祈盼和顺、崇尚和美的美好愿望，体现了中华文化博大精深的无穷魅力。的确，在近年来中国的语境下，将和谐作为政治的终极目标之一，不会有多少异议。

毫无疑义，世界上的其他文明形态也提倡和谐。一些中国学者已经从《古兰经》《圣经》等文明经典中查证过“和谐”观念的存在。但是，同一位美国友人的谈话，令我对和谐作为世界政治的一个终极目标产生了怀疑。2006 年，曾经担任美国总统国家安全事务助理的布伦特·斯考克罗夫特将军，专门向我垂询为何中国政府大力倡导“和谐社会”和“和谐世界”。我解释说，和谐是中华文明的核心，也是中国社会的一个“终极目标”（ultimate goal）。他的即刻反应是：“和谐作为终极目标？不，终极目标是‘成功’（success）！和谐只是一种形势（situation）、一种状态（state），取得成功才是目标。”这次谈话后，我就“和谐是否是终极目标”又咨询了其他几位美国朋友。他们反应不一，多数人做出了否定的回答，但也有人说，斯考克罗夫特代表的是美国共和党人的观念，美国民主党人就比较容易接受和谐目标。我想，在美国激烈竞争的政治生态中，把和谐记在心中、挂在嘴上的政治家，无论如何是不可能当上总统的。在国际关系中，美国也不会以建立和谐世界为己任。

其实，在中国，对和谐是否是衡量政治成功的标准，也不乏争议。毛泽东提到过“共产党的哲学就是斗争哲学”，这同马克思列宁主义关于阶级斗争和无产阶级专政的理论一脉相承。即便坚持“和谐是中华文化的精髓”的说法，也不能不承认在改革开放前的中国，“和谐”并非国内政治和对外关系的核心概念与追求。

因此，虽然稳定、秩序、和谐都是公认的“好东西”，但在世界政治的大环境下，它们都只能是一种理想状态，而非普遍追求的终极目标。

民主和法治

民主和法治也都是被普遍认同的“好东西”。当今世界，绝大多数国家都自称民主国家。有几个被西方视为“另类”的发展中国家，国名的全称分别为“朝鲜民主主义人民共和国”“老挝人民民主共和国”“刚果民主共和国”“埃塞俄比亚联邦民主共和国”“东帝汶民主共和国”。在现代政治学里，民主同法治密切相关，没有法治的民主不是真正的民主，没有民主的法治也不是真正的法治。

民主在人类历史上并非一直受到称颂的政体。在 19 世纪以前，民主被普遍视为“多数暴民统治”。民主概念起源于古希腊语，字面含义是“人民统治”。事实上，民主作为一种政体，在雅典只实行了 100 多年就陷入衰落。古希腊“三贤”苏格拉底、柏拉图、亚里士多德都不认为民主是一种理想的政体，在他们看来，民主制是以牺牲智慧和财产为代价的平民统治，容易导致暴民统治。[21] 18 世纪法国启蒙思想家卢梭指出："从'民主制'这个词的严格意义上讲，从来都不曾有过真实的民主制，而且永远也不会有，因为大多数人进行统治而少数人被统治的状态是与自然秩序相违背的。"[22]

民主制于 19 世纪开始在欧美流行。当时，作为世界上第一个近代民主国家的美国正在欣欣向荣地发展。法国思想家托克维尔在考察美国民主后认为，"企图阻止民主就是抗拒上帝的意志，各个民族只有顺应上苍给他们安排的社会情况"，并预言，"民主即将在全世界范围内不可避免地和普遍地到来"。[23]

但是，许多近现代西方思想家承认，民主只是达到国家长远政治目标的一种相对合理的制度安排。正如美国政治学者约瑟夫·熊彼特所说："民主是一种政治方法，即为了达到政治——立法的和行政的——决定而作出的某种形式的制度安排，因此它本身是不足以成为目的，不论在一定历史条件下民主会产生出怎样的决定。""民主方法是为达到政治决定的一种制度上的安排，在这种安排中，某些人通过竞取人民选票而得到作出决定的权力。"熊彼特还说："没有哪个社会容忍绝对的自由，即使是宗教信仰的自由和言论自由，没有哪个社会把这个领域缩减为零——那么很清楚，个人自由问题就是一个程度的问题。我们知道，民主方法并不一定比类似环境下别种政治方法能保证更大的个人自由。"熊彼特只给了民主政治有限的肯定："民主并不是指，也不可能是指，按照'人民'和'统治'这两个词的明显的意义说的人民确实在那里统治的意思。民主不过是指人民有机会接受或拒绝要来统治他们的人的意思。"[24] 挪威出生的英国政治学者斯坦·林根写了一本厚重的书，名为《民主是做什么用的》，充分肯定了民主的好处。他强调："总之，民主的目的就是要使每一个普通人都拥有自由。自由就是民主最后要实现的目的。"同时，他"考察了通常被认为是世界上制度最健全的民主国家之后，发现这些国家的民主制度漏洞百出，甚至是正在走向衰落"。[25]

现代政治学对"民主"的定义五花八门。在西方的话语体系中，民主被看作一种"普世价值"，自由民主是世界各国的最佳选择和最终出路。但是，作为一种政治制度的民主，在理论上受到很多批评，在实践中也备受挫折。中国政治学者潘维认为，当今世界普遍弥漫着一种民主迷信，民主高于家庭、高于民族、高于主权、高于人权，还高于一切非西方人的生命权和财产权。民主崇拜成为统治世界的政治宗教，一千年以前，基督教十字军野蛮地带刀东征，一千年后，民主之十字军已经发动了东征，要摧毁一切异教政治文明。[26]潘维还认为，"多数决"原则并不能体现公平，它可以说是一种方便的决策机制，却谈不上正义，谈不上平等，更谈不上"普世价值"。[27]中国香港政治学者王绍光把"多数决原则"称为"选主"，在选主体制下，选票决定一切，最终多数人的利益可能并没有得到保障，还是少数人实质性地控制政治。[28]

在实践中，冷战后向西方民主制转型的许多国家，过分强调选举而忽视民主的实质，导致有选举而无民主。在这些国家中，主要的行政官员表面上是定期选举，但选举过程并没有做到自由和公正，存在各种政治操纵、欺诈和舞弊。卡内基国际和平基金会副总裁托马斯·卡罗瑟斯悲观地指出："在近些年来被认为是'转型国家’的接近100个国家中，只有相对很少的国家——大概不足20个国家——正在朝着通往成功的、运转良好的民主制度的道路上迈进，或者在民主方面已取得了某种进步和依然拥有民主化的积极力量。……迄今为止第三波的大多数国家并没有实现运转良好的民主制度，或者不能深化他们已经在民主方面取得的进步。”[29]

民主是表达个人自由意志的一种方式，法治是实现公正的一种手段。从理论上说，如果有民主以外的方式能够更好地实现政治自由，有法治以外的手段能够更好地实现社会公正，就可以摈弃民主和法治。只是在当代世界政治中，这个理论假设似乎不能成立。但是，我们可以通过对不同国家和地区的考察，验证或证伪这个假设，而不是先验地坚信它是“放之四海而皆准的真理”。因此，我未将民主和法治列入世界政治的终极目标之中。当然，作为制度安排，民主和法治在推进世界政治进程中所起的积极作用，应予以充分肯定；作为政治理念，民主法治比独裁专制先进得多，这也是毋庸置疑的。

2022年10月的中共二十大报告，把发展全过程人民民主确定为中国式现代化本质要求的一项重要内容，强调全过程人民民主是社会主义民主政治的本质属性，对“发展全过程人民民主，保障人民当家作主”做出全面部署、提出明确要求。[30]

国家统一

中国的政治特点之一是对民族和国家统一的恒久追求。在中国传统文化中，统一象征着光明与进步，分裂则意味着灾难和黑暗。

从古至今，无论付出什么样的代价，一统天下的事业都是受到颂扬的。《史记》中记载了秦始皇登上琅琊山后，立碑刻辞，其中说道："六合之内，皇帝之土……人迹所至，无不臣者。功盖五帝，泽及牛马。莫不受德，各安其宇。"[31] 美国研究中国问题的历史学者费正清说过："两千年来，中国政治的中心问题一直是达到大一统之下的所有中国人的团结。"[32] 以色列历史学者赫拉利也注意到，"不论是在中国政治思想或是历史记忆当中，帝国时期似乎都成了秩序和正义的黄金时代。现代西方认为所谓公义的世界应该是由各个独立的民族国家组成，但古代中国的概念正好相反，认为政治分裂的时代不仅动荡不安，而且公义不行"[33]。理解中国人对民族团结、国家统一的超乎一切的强烈追求，才能完整地解释我们对台湾、香港的态度和政策，理解 2005 年出台的《反分裂国家法》。

但是，当我们将视线转向外国政治时，需要看到四个方面的复杂情况。第一，现代国际社会存在民族自决权的概念。《联合国宪章》和其他相关联合国决议规定了民族自决权，即各民族有根据自己的选择确定本国政治、经济、文化制度的自由。遭受殖民统治的民族有权成立独立国家。马克思列宁主义处理民族问题的一项重要原则，就是各民族有自己决定自己的命运、直到自由分离成立独立国家的权利。列宁说："对我们纲领中关于民族自决的那一条，除了从政治自决，即从分离和成立独立国家的权利这个意义上来解释之外，我们决不能作别的解释。"[34] 但列宁主义同时认为，是否支持某一民族实行分离，要以是否有利于无产阶级革命和整个人类进步的利益来决定。

第二，当代新的独立国家出现，往往是原本统一的国家内部分裂的结果，不以原有国家的意志为转移，并得到国际社会的广泛认可。二战以后成立了 100 多个主权独立国家，其中多数是从欧洲殖民地中取得民族解放的，但也有若干国家是从原有的主权国家分离出来的，如孟加拉国之于巴基斯坦。冷战后出现的 20 多个新独立国家，则几乎都是国家分裂造成的。其中包括苏联解体后的 15 个新国家、南斯拉夫解体后的 6 个新国家、厄立特里亚、南苏丹、东帝汶等。还有若干已经宣布独立、实行自治、尚未得到广泛国际承认的政治实体，如科索沃、南奥塞梯、阿布哈兹、西撒哈拉等地区。

第三，当今世界上有 20 多个联邦制国家，它们对待国内省（州）政治权利的态度各有不同。联邦制国家包括印度、巴基斯坦、美国、俄罗斯、德国、巴西、墨西哥、阿根廷、尼日利亚、埃塞俄比亚等全球大国或地区大国，其人口之和占世界人口总数的 1/3 左右，国土面积之和占全球陆地总面积的 1/2 左右。美国通过 1861—1865 年的南北战争维护和巩固了国家统一。美国宪法对各州脱离联邦而独立的权利没有做出规定，但一遇到国家政治风浪，加利福尼亚、得克萨斯等大州就有人呼吁独立；夏威夷独立运动也一直合法存在。埃塞俄比亚 1994 年通过的联邦宪法规定，本国各民族平等自治，享有民族自决和分离权，任何一个民族的立法机构以 2/3 多数通过分离要求后，联邦政府应在三年内组织该族进行公决，多数赞成即可脱离联邦。

第四，若干国家内部的族群或地区要求分离的运动此起彼伏。

英国通过 2014 年 9 月的苏格兰地区全民公投否决了苏格兰独立的要求，维护了英国的统一，但赞成和反对独立的票数十分接近。中东地区的库尔德问题、加拿大的魁北克问题、法国的科西嘉岛问题、西班牙的加泰罗尼亚问题等，都对国家统一和领土完整构成挑战。

毫无疑义的是，中国对国家统一的追求完全正当，符合全国人民的利益。然而，将维护国家统一视为世界政治的终极目标，无论是从学术角度还是从政治实践角度，都存在很大争议。

平等

我举出安全、财富、信仰、公正、自由作为世界政治的五大终极目标之后，有几位学者向我指出，“平等”也应当列入其中。我承认平等也是世界政治的终极目标之一，但是没有将它同其他终极目标并列，有两点理由。

第一，“平等”可以涵盖在“公正”和“自由”的含义之中。

古希腊先哲亚里士多德明确地说：“不公正即不平等，公正即平等。”[35] 13 世纪的意大利思想家布鲁尼托·拉蒂尼也说：“一如公正是个平等问题一样，不公正就是不平等；因此，希望建立公正的人就是在试图变不平等为平等。”[36]

美国《独立宣言》中第一句话就说，“所有人都被创造为是平等的”是不言而喻的真理。其实，从自然法则来说，人人生而就不平等，智商和体能生来就有差别。一般人所说的平等，只能靠后天的人际关系、社会政策、个人努力来实现，这更多是社会公正问题。在美国政治学者约翰·罗尔斯看来，公正问题都是平等问题。罗尔斯在《作为公平的正义》一书中指出，社会和经济的平等应该满足两个条件："第一，它们所从属的公职和职位应该在公平的机会平等条件下对所有人开放；第二，它们应该有利于社会之最不利成员的最大利益（差别原则）。"[37] 罗尔斯主张，首先社会应该保证机会平等，不能因为家庭出身等因素剥夺人的平等权利。在保证机会平等的前提下，应该通过税收等手段补偿那些处在经济社会最底层的人。

中国香港政治学者周保松则将自由和平等视为现代社会的基本价值，认为"自由主义不仅重视自由，同样重视平等，并将对平等的证成与自由人的理念紧扣在一起"[38]。周保松对罗尔斯正义理论的道德基础做了如下概括："社会是自由平等的个体走在一起的公平合作体系。一个公正的社会，必须体现这种理想。这个理想包含三个重要价值：自由、平等和公平合作。"[39] 我的看法是，如果自由平等和公正不可分割，把平等单独列为政治的终极目标就没有必要了。其实，在很多时候，自由和平等是可能产生对立的，而公正才能缓解这种对立。这个复杂问题将在本书第六章和第八章谈到公正与自由的关系时进一步探讨。

第二，人人都追求自由、公正，但并非人人都追求平等。

平等是弱者追求的目标，强者往往享受不平等。在国际关系中，小国、弱国企望大国、强国的平等对待，大国、强国向更大更强的国家要求平等。在公司里，员工要求老板平等待人，做到同工同酬，领导"平易近人"会受到赞扬。反过来，老板不会要求员工平等对待他，也不会夸奖某位员工"平易近人"。因此，尽管人人都会承认"平等是好东西"，但在具体事情上，特别是涉及收入分配的问题上，他们心目中“平等”的含义完全不同。

尊严

2017 年 6 月，我在同法国一位政府官员探讨世界政治的终极目标时，他认为应当把“尊严”（英文 dignity，法文 dignité）列为终极目标之一。

我认真地考虑了他的想法，又查阅了一些资料。现行《中华人民共和国宪法》第三十八条规定，“中华人民共和国公民的人格尊严不受侵犯。禁止用任何方法对公民进行侮辱、诽谤和诬告陷害”。1948 年联合国发布的《世界人权宣言》，第一条就有“人人生而自由，在尊严和权利上一律平等”。“尊严”在佛教、基督教、伊斯兰教的教义中有很高的地位。德国、伊朗、南非、瑞士、美国、加拿大、法国、欧盟等国家和国际组织的宪法或法规，都载有类似于“人的尊严不可侵犯”的条文。中国政治学者俞可平把“尊严”视为至高无上的价值。他说：“作为人人天然拥有的内在价值，人的尊严超越其他所有价值，具有至高无上的性质。它表明人本身就是目的，而非实现任何其他目的的手段。”[40]

尊严是对个人、群体、文化、信仰的存在价值和地位的尊重，是不可剥夺的平等权利。《礼记》所载“不食嗟来之食”的名言，是说为了做人的尊严，绝不低三下四地接受侮辱性的施舍。俗话说，“人活一口气，树活一张皮”“宁为玉碎，不为瓦全”，都是强调人的尊严和精神价值。民族与国家的尊严，也从人的尊严引申而来。国家尊严是同主权平等、不受其他国家的歧视和侮辱密切相关的概念。

“尊严”在世界政治中的地位固然重要，但同“平等”类似的是，“尊严”一般来说是弱者在强者面前的诉求。富人无须对穷人要求尊严，压迫者不必向被压迫者请求尊严。有了自由和公正，保护并尊重人的信仰，“尊严”的问题就迎刃而解了。尊严同自由、公正、平等是一个并列的关系，含义相互交叉重合。我没有把“尊严”纳入政治终极目标的行列，但不否认它的重要意义。

综上所述，权力、稳定、秩序、和谐、民主、法治、统一、平等、尊严，以及各种各样的国家制度，都是达到安全、财富、信仰、公正、自由这五大政治终极目标的过程、手段和方式，或者可以包含在这五大目标的诉求中。这样说，并非想抹杀上述其他主题和目标的意义，而是想说明它们服从于、服务于、等同于一些更具根本性的目标。在下面几章中，我将分别探究安全、财富、信仰、公正、自由这五大终极目标及其相互关系。

第三章

安　全

第一节　安全的内涵和“安全感”

安全的最低标准是“生存”，或者称之为“生命安全”。失去了生命，其他一切价值对人来说都是子虚乌有。对于国家和其他社群来说，“生存”也是其他一切价值的起点。就此而言，把安全列于世界政治终极目标之首位，是没有多少疑义的。

美国心理学者亚伯拉罕·马斯洛提出人的五大需求层次理论，安全需求排在生理需求之后，位列第二，属于低层次的基础需求。马斯洛认为，整个有机体是一个追求安全的机制，人的感受器官、效应器官、智能等主要是寻求安全的工具，甚至可以把科学和人生观都看成满足安全需求的一部分。[1]

安全的含义要比简单的“生存”宽泛得多。对于个人来说，要获得“安全感”，需要有健康的体魄、安定的居所、活动的自由、稳定的经济收入、以亲人为核心的“人际圈”、可靠的信息来源等等，一般人缺了其中的哪一项，都会有“不安全感”。此外，“安全”还包括许多政府部门所管的那些事，比如保障基本生活条件、医疗卫生，防止暴力犯罪、偷盗抢劫等等。政府和其他任何政治群体，都会把自己管辖范围内的上述安全问题放在最重要位置上，因为这涉及其合法性。

对于社会和国家来说，出现大规模使用暴力的现象或发生战争（包括国内战争和国际战争），就失去了安全保障。所以，和平是安全的前提条件。制止暴力，防止战争，是政治永恒的主题。自古以来，国家和其他政治群体都把“维护和平”作为自己的旗帜。人们有时甚至将“和平”与“安全”等同视之。其实，和平与安全在某种情况下是相互矛盾的。国家、群体和个人有时不得不用战争或其他暴力手段维护自己的安全。经常听到有人这样评论历史上的战争：“打过这一仗，维护了几十年的和平。”20世纪两次世界大战期间，都有人称“这是消灭一切战争的最后一场战争”。在一个社会中以暴制暴，在国家之间通过战争来维护和平，既是世界历史上频繁发生的事情，也是人类的一种思维定式。

安全的定义多种多样，包括从个人安全到国际安全的各个主客观维度。[2]在古代汉语中，没有“安全”一词，“安”表达“安全”的含义，例如“是故君子安而不忘危，存而不忘亡，治而不忘乱，是以身安而国家可保也”[3]。在这里，“安”与“危”相对，“安”表达的就是“安全”的意思，指免于危险、没有恐惧的状态。《左传》中有“居安思危”的说法，“思则有备，有备无患”[4]。与国家安全相关的记载出现在《战国策》中：“今国已定，而社稷已安矣。”[5]《现代汉语词典》对“安全”的解释是“没有危险；不受威胁；不出事故”[6]。

国内外关于安全的定义和相关论述数不胜数，有许多论述不免繁杂。我比较欣赏美国政治学者阿诺德·沃尔弗斯的简明定义：对一个行为体来说，安全是客观上不存在威胁的状态，主观上免于恐惧的感觉。[7] 换言之，安全不仅是一种状态，而且是一种心态。不同年龄、阶层的人“安全感”程度不一。在中国，经历过饥饿和动乱的老年人，时常担心物资匮乏、社会动荡的日子还会回来，容易保持节约的生活习惯，对政治较为敏感。但是他们吃惯了“大锅饭”，有问题“找组织”，在集体中寻求安全感。物质生活条件丰盈、社会环境和平稳定的当代青年，在衣食住行方面的安全感可能高于他们的父母，但在职场和婚姻家庭生活方面的安全感不见得那么强。更容易理解的是，职业稳定、收入丰厚、有城市户口的人群，比以“打工仔”“快递小哥”为代表的人群的安全感要高一些。

与不同人群类似的是，由于不同国情、文化和历史，不同国家的“安全感”也有很大差别。以朝鲜为例，从客观上看，今天似乎没有哪个国家有主动对朝鲜发动军事进攻的意图。如果是一个一般的国家，保持一支相应的军队就足够了。但是朝鲜自 20 世纪 90 年代以来，一直坚持“先军政治”，不惜以经济发展为代价，增强军事力量。朝鲜不顾国际社会的一致反对，一意孤行，坚决研发核武器及其运载工具。我们有理由推断，朝鲜的强烈不安全感同外部威胁大小不直接相关，而更可能来自其国内的政治和社会变化。

当代全球 90% 以上的国家，包括许多大国，既没有核武器，也没有朝鲜那么强大的常规军事力量，但是许多国家都有较强的安全感。世界上有 20 多个国家没有自己的军队。例如中美洲国家哥斯达黎加，其宪法规定该国不能拥有正规军，只有国民警卫队和警察维持国内治安。在同邻国发生领土纠纷时，哥斯达黎加求助于国际法院解决。2015 年 12 月，国际法院就尼加拉瓜和哥斯达黎加之间的两起诉讼案件做出终审判决，裁定尼加拉瓜败诉，承认哥斯达黎加对争议领土拥有主权，并要求尼加拉瓜就其在哥斯达黎加领土上进行的不法活动所导致的破坏进行赔偿。[8] 又如，北欧岛国冰岛自 1869 年后就不再设有常备军，当代冰岛在防务上与挪威、丹麦及其他北约国家保持合作。从世界范围看，经济发达、民主法治程度较高的国家，其安全感较高；经济欠发达的威权国家，其安全感较低。

不容否认，维护国家安全是各国政府的主要职能之一。当代世界各国对国家安全的含义有不同理解。美国学者约翰·柯林斯认为："最重要的国家安全利益是生存，即国家的生存。要保证一定程度的独立、领土完整、传统的生活方式、基本制度、社会准则和荣誉不受损害。"[9] 英国国际政治学者巴里·布赞把安全分为五大领域：军事、政治、经济、社会和环境。其中军事安全受到优先重视，因为使用武力可以迅速造成人们不愿意看到的重大改变；在国家安全考虑中，军事威胁历来被摆在最高位置。[10]

中国安全问题专家刘跃进指出，在国家安全构成要素上，中国古代各个王朝始终把政治安全特别是统治者的政权安全放在第一位，一切以维护统治地位的安全即政权安全为转移。[11] 先秦时期齐桓公提出"尊王攘夷"，是一种先"安内"而后"攘外"的战略。蒋介石在抗战初期提出的"攘外必先安内"口号是这一战略的延续。历代王朝内忧外患并提，而以内忧为主。梁启超在 1896 年写道："中国自古一统，环列皆小蛮夷，但虞内忧，不患外侮。"[12]

2014年4月，习近平总书记在中央国家安全委员会第一次会议上首次提出总体国家安全观，要“以人民安全为宗旨，以政治安全为根本，以经济安全为基础，以军事、文化、社会安全为保障，以促进国际安全为依托，走出一条中国特色国家安全道路”。[13]习近平总书记还指出，贯彻落实总体国家安全观，必须既重视外部安全，又重视内部安全；既重视国土安全，又重视国民安全；既重视传统安全，又重视非传统安全；既重视自身安全，又重视共同安全。构建集政治安全、国土安全、军事安全、经济安全、文化安全、社会安全、科技安全、信息安全、生态安全、资源安全、核安全等于一体的国家安全体系。[14]可以看出，当代中国最关注的安全问题，集中在政治安全领域。政治安全是指国家主权不受侵害、国内政治稳定和政权稳固，是国家安全的核心因素。习近平总书记在2017年1月就政法工作做指示时强调：“要把维护国家政治安全特别是政权安全、制度安全放在第一位。”[15]

第二节 传统安全：国内稳定，国际和平

所谓“传统安全”，一般是指国家内部的政治安全和外部的军事安全。“非传统安全”则是同“传统安全”相对的概念，在冷战结束后开始流行。“非传统安全”是指在国际秩序较为稳定的情况下，日益凸显的国际恐怖主义、生态环境恶化、传染病等一系列问题。实际上，“传统安全”和“非传统安全”的界限越来越模糊。比如网络安全、恐怖主义等非传统安全问题，就涉及国家政治安全、军事

安全和国家主权。不过，这两类安全的区分，对于理解安全问题的政治含义还是有意义的。

国家政治安全是指国家主权、政权、政治制度、意识形态等方面免受侵袭和威胁的状态。这种状态在中国表现为：防止境外势力干涉中国内政，巩固中国共产党的执政地位和对军队的绝对领导，稳固人民民主专政和社会主义根本制度，维护马克思主义的主流意识形态地位，反对国家分裂，维持社会稳定。中国改革开放以来，“维稳”一直是党和国家工作的重中之重。

基于政治安全考虑，中国政府对于冷战后在格鲁吉亚、乌克兰、吉尔吉斯斯坦等国家发生的企图推翻现政权的“颜色革命”，对于 2011 年在埃及等国发生的危害社会稳定的所谓“阿拉伯之春”，都采取警惕态度，决不允许这类事件在中国出现。同时，对于其他社会主义国家和一些发展中国家抵御西方渗透、维护国内政权安全的举措，中国均表示理解。

实行西方民主制的国家也十分重视政治安全，只是表现形式有所不同。冷战初期的美国出现了反苏反共的“麦卡锡主义”，担心共产主义思想渗透到美国，侵蚀其资本主义制度和生活方式。近二三十年来，随着美国国内种族和宗教的多元化，“文化多元主义”逐渐上升，冲击了“瓦斯普”（WASP，即白人盎格鲁–撒克逊新教徒）传统，引起了美国传统保守主义者的忧虑和批评。国际上的激进势力和恐怖主义，更深化了这种忧虑，进而影响美国的政治安全。2016 年特朗普当选美国总统，在某种程度上反映了美国人在这种政治安全上的忧虑。2017 年，美国政界表示了对俄罗斯在 2016

年美国大选前后干预美国政治的极大怀疑，由此引发了严重的国内分歧和一系列政府人事变动，以及美俄关系的恶化。欧洲若干国家面临的内部民族分离主义和难民问题，也冲击着其国内政治稳定。

从特朗普政府到拜登政府的美国对华政策，都把国内政治安全作为一个重要考量。拜登政府 2022 年 10 月发表的《国家安全战略》报告明确提出“投资、结盟、竞争”的长期对华政策。所谓“投资”，就是加强美国国内基础设施建设，推动技术发展，促进经济增长，强化国内“民主建设”，等等。近年来，美国政府以维护“国家安全”为由，企图在经济上和技术上对中国“脱钩断链”，甚至不惜牺牲部分企业利益和民众福祉。美国司法部于 2018 年 11 月启动“中国行动计划”，基于美国联邦调查局提供的虚假证据，指控美籍华人和中国公民在美国进行经济间谍活动。该计划后因遭到国内舆论严厉批评而取消。但是，美国政府和媒体继续指责中国“干涉美国内政”，监视美籍人士和中国公民在美国的活动，阻挠正常的经贸往来和人文交流活动。部分欧盟国家和英国，也以维护“国家安全”为由，在对华经贸关系中推行“去风险化”（实质上是“去中国化”）的政策举措，损害企业的正当权益。

近年来，中东地区的叙利亚、也门、伊拉克等共和制国家动乱不止，沙特阿拉伯等君主制国家的政权稳定性受到考验，土耳其、埃及等国家明显地加强了国内政治控制；在东南亚，泰国、缅甸等国家尚未摆脱政治争斗的威胁；在南亚，巴基斯坦等国家政局不稳；在中东欧和中亚，若干国家冷战后的政治转型远未完成，甚至出现反复；在拉丁美洲，委内瑞拉、古巴等国家的政治前景不甚明朗，巴西、阿根廷等国家还没有走出“中等收入陷阱”。凡此种种，都说明维护国家政治安全仍然是各国政治和世界政治的核心关切之一。

在当代世界，国家是唯一能够合法使用暴力手段的组织，这一点得到了国际社会的普遍认可。试图通过暴力方式推翻政府或者宣示政治意志的个人或组织，不论其理由如何，都会被认为是“非法行为”或“恐怖组织”。例如，尽管西方国家不认可巴沙尔·阿萨德领导下的叙利亚政府的政策，甚至质疑其政权合法性，但在支持近年来叙利亚反政府组织的暴力行为时，西方国家还是有许多顾虑的。

不过，世界近代历史上的武装起义、暴力革命或反对统治者的武装斗争，如美国独立战争、1789 年法国大革命、俄国十月革命、20 世纪上半叶的中国革命、20 世纪五六十年代的阿尔及利亚民族解放战争等，都被广泛认为是正义或合理的武装行为。[16] 20 世纪 70 年代后，反对殖民统治的民族独立浪潮基本结束，以暴力为手段的政治斗争的合理性逐渐遭到质疑。社会主义国家也不再支持各国共产党的暴力革命。在政府方面，使用暴力手段解决非暴力的国内政治纠纷，或者在国际战争中伤害平民，也受到越来越广泛的谴责。一个难以逆转的世界趋势是，除非出现特殊情况，国内政治安全问题都需要通过政治、法律手段而非军事手段来解决。比如，2013 年埃及军方干预政治，2014 年泰国军方接管政权，2017 年津巴布韦军方软禁时任总统罗伯特·穆加贝，他们都不愿承认自己在搞“军事政变”，而是宣称要尽快恢复民主选举。

同国家政治安全的演变趋势相一致的是国际和平的维护方式。二战以后，大国间的战争很少发生，其次数和激烈程度呈递减状态。冷战结束后，大国间战争的危险性进一步下降。在当代世界政治舞台上，鼓吹以战争手段解决国际争端，已经完全不能被国际社会接受。

回顾历史，自古代至20世纪上半叶，许多政治家和战略家都认为，以战争方式维护国家安全与国际和平，是合理正当的选项。西方有关国家起源的学说认为，个人和群体出于对安全的担忧，为共存而订立契约，让渡部分个人权利并通过契约结成国家，国家建立军队、警察、监狱和法庭等暴力机构，对内确保秩序，对外抵御侵略，维护安全。但是国家的诞生，又引发了国家间的相互斗争。英国哲学家托马斯·霍布斯写道，在人类的自然状态下，有一些人可能比别人更强壮或更聪明，但没有一个会强壮到或聪明到不怕在暴力下死亡。当受到死亡威胁时，在自然状态下的人必然会尽一切所能来保护他自己。霍布斯认为保护自己免于暴力死亡就是人类最高的必要。霍布斯描述的丛林社会，是一切人反对一切人的战争，“人们不断处于暴力死亡的恐惧和危险中，人的生活孤独、贫困、卑污、残忍而短寿”。[17]

历史上国家之间战争的逻辑，也大体如此。国家存在的意义之一是维护国民安全，但是从国际层面来看，“国家往往是国际不安全的主要根源”[18]。一国为了确保自身安全，要通过扩充军备、寻找盟国来增加安全感，由此却导致他国感到不安全，也采取加强军事力量、结成对立同盟的方式加以防范。这种相互猜忌和相互防范加剧了军备竞赛和战争危险，最终结果是可能导致战争。这就是国际关系研究中所谓的“安全困境”。对于安全困境的最早描述可以追溯到古希腊的伯罗奔尼撒战争。据古希腊历史学者修昔底德分析，伯罗奔尼撒战争的主因正是“雅典力量的增长及其引起的斯巴达的恐惧，使得战争无法避免”[19]。学者所说的“修昔底德陷阱”，是指一个崛起的大国要挑战现存霸权大国，而现存大国也必然会回应这种挑战，使两国战争难以避免。[20]

古罗马人有一条著名的格言：“想要和平，就去备战。”这与中国春秋战国时期著名兵书《司马法》中的“天下虽安，忘战必危”不谋而合。直至近现代社会，战争仍然是国家扩大疆土、维护安全的最主要途径。国家以安全为名发动了不计其数的战争。但发动战争并没有带来和平，连年的征战给人类带来了极大的苦难。根据学者统计，从公元前 3600 年至 20 世纪 80 年代这 5 500 多年里，人类社会只有 292 年处于和平状态，全世界发生过的战争超过 14 500 场，共造成了约 35 亿人的死亡。[21] 这说明战争曾经是人类社会的常态。

对当代世界上绝大多数人来说，值得欣慰的是，我们生活在和平的环境中，不需要时刻担心战争的威胁。美国学者斯蒂芬·平克指出：“无论你是否相信（我知道大部分人不相信），纵观历史长河，暴力呈现下降趋势；而今天，我们也许处于人类有史以来最和平的时代。暴力下降的过程肯定不是平滑的，暴力并未全然消失，这一趋势也不能确保会持续下去。但无论我们观察的是人类数千年的历史，还是短期事态，大至发动战争，小到体罚儿童，暴力的下降趋势有目共睹，无可置疑。”[22] 对于暴力减少的大趋势，平克给予了复杂而深入的心理学和历史学的解释。他认为，如果将小规模冲突、家庭暴力、虐待儿童和老人、残害动物、为宗教献身、奴隶制和暴力犯罪都考虑在内，那么人类的暴力倾向正在变得越来越弱，人类正在变得越来越善良。各国逐渐法治化，妇女获得更多的权利，再加上国际条约的规范，使人们可以过上更加祥和的生活。[23]

美国评论家法里德·扎卡利亚也注意到："我们似乎生活在疯狂的暴力时代。但是别相信你在电视上看到的一切，我们在传闻中得到的印象其实是错误的。战争和有组织的暴力在过去二十年间急剧减少了。"[24] 英国学者阿兰·瑞安也明确指出："在任何地方，死于恐怖袭击的危险都远低于死于事故和普通谋杀的概率。"[25]

按照尤瓦尔·赫拉利所著《人类简史》的统计，现代社会的暴力行为，就受害人口占全球总人口的比例而言，同前现代社会相比大大减少（只相当于其 1/5）。冷战结束后，战争减少了，受害人口比例明显下降。在"9 · 11"恐怖袭击事件发生后的 2002 年，全球死亡人数总计 5 700 万，其中 17.2 万人死于战争，56.9 万人死于暴力犯罪（共计 74.1 万人死于暴力行为），而同年全球自杀人数为 87.3 万。[26]

据澳大利亚智库经济与和平研究所（IEP）2023 年 3 月发布的《2023 年全球恐怖主义指数报告》，2022 年全球因恐怖主义造成的死亡人数下降了 9%，降至 6 701 人，相较 2015 年出现的峰值下降了 38%。[27] 同年，该研究所于 6 月 28 日发布的一份年度报告显示，2022 年世界各地武装冲突造成的死亡人数上升至一个世纪以来的最高水平。报告指出，战争造成的死亡人数比 2021 年增加了 96%，约有 23.8 万人死亡。共有 79 个国家的动荡程度全面增加，最引人关注的是埃塞俄比亚、缅甸、乌克兰、以色列、南非。乌克兰和埃塞俄比亚的战争在2022年造成的死亡人数最多，冲突分别导致两国大约8.3万和10万人死亡。[28]

2022年2月俄乌大规模武装冲突爆发以来，双方伤亡惨重，但都没有公布本国军人的伤亡人数。美国《新闻周刊》2024年1月对俄罗斯和乌克兰双方的伤亡数字做出了比较详细的评估，但承认目前还无法确定相对准确的数字。该报道引用美国政府官员2023年8月的一个说法，即已有大约50万人在这场冲突中伤亡。[29]按照冲突中受伤和死亡人数一般为3：1的比例，俄乌冲突造成的死亡人数应该已经超过了16万。据美国广播公司新闻网2023年12月的一项报道，2023年美国死于枪杀的人数超过4万人。[30]也就是说，美国2023年死于枪杀的人数相当于全世界2022年死于恐怖袭击人数的将近6倍。这样大的枪杀死亡人数同美国枪支管制不力有很大关系。

在武装冲突和暴力事件之外的人类非自然死亡中，有两个数字是令人警醒和遗憾的。一个是全球车祸死亡人数。世界卫生组织2023年12月发布的《2023年全球道路安全现状报告》指出，2021年全球约有119万人因道路交通事故死亡，相当于每10万人中有15人死于道路交通事故。道路交通事故仍是全球5～29岁人群的第一大死因，也是全年龄段人群的第12大死因。该报告还称，虽然全球机动车保有量增加了一倍以上，道路网络规模显著扩大，全球人口增加了近10亿，但道路交通事故总体死亡人数减少了5%，这表明改善道路安全的努力正在发挥作用。[31]另一个是全球自杀人数。

据世界卫生组织 2023 年 8 月公布的统计数字，全球平均每年有约 70 万人死于自杀。[32]

根据上面这几项数据，即使在俄乌之间发生冲突和世界其他地区冲突加剧的今天，世界上每年死于车祸和自杀的人数（两项相加将近 200 万），仍然高于死于战争和暴力袭击的人数。[33]

从历史长河看，当今世界的战争及战争危险明显减少了。对此我可以提出五个方面的理性解释。

第一，大国发动战争可能付出的成本和代价，大大高于其可能的收益。

美国学者弗朗西斯·比尔认为，现代战争毁灭性加大，导致了战争频率的下降与和平的扩展。[34] 在一战之前，战争曾被认为是一种光荣，是对人和制度健康程度的检验，是文明的助推器和进步的源泉。一战的爆发曾在欧洲许多角落引发人们的“狂喜”，但战争的巨大破坏力和伤亡，使这种思想荡然无存。[35] 加拿大政治学者阿米塔·阿查亚也指出：“在 19 世纪晚期和 20 世纪早期的欧洲均势体系中，战争仍被看作是必要的，甚至是光荣的。因为战争对于维持欧洲安全秩序基石的均势是有用的，特别是在欧洲国家之间经济相互依赖的领域还非常有限和欧洲协调制度衰败的时代背景下。然而，今天几乎没有人认为战争是维持国际秩序的一种光荣和值得尊敬的解决方法。”[36]

核武器具有巨大的杀伤力，世界上现有的核武器足以灭绝人类，但核武器的出现也有效地制约了战争的爆发。美国学者戴维·理查兹指出，核武器极大地增加了战争的风险和潜在代价，并且让所有相关方对战争的灾难性后果心存恐惧，这一点应该能够遏制侵略本能并且增加避免冲突的好处。[37] 另一位美国学者约瑟夫·奈认为，核武器的出现，使军事力量作为维护安全的手段走到了极限，甚至走到了其反面。在核战争中没有赢家，核武器可能会使整个人类面临灭亡的危险。冷战时期，美苏两国的核武器已经达到可以毁灭人类几十次的程度。美苏两国的"相互确保摧毁"战略导致谁也不敢轻易发动战争。[38] 核威慑和网络战武器、太空武器等新型作战方式的兴起，使所有大国都无力承担大国间战争的高昂成本。人类历史上的战争收益，如征服敌国、掠夺财富和人力资源等，都难以抵偿高技术战争的成本与风险。

第二，国家可以通过非战争手段，取得过去通过战争获得的利益。

全球化的迅猛发展，使得世界经济越来越成为一个各国相互依存的整体。国家之间的战略博弈和地缘政治、地缘经济竞争依然存在，但过去那种为争夺自然资源、占领战略通道、掠夺劳动力而进行战争所获得的可能收益，现在更容易通过发展贸易、海外投资、企业并购、金融交易、技术创新等方式获得。对于世界绝大多数国家来说，居于国内政治和政府议事日程首要位置的，不再是军事问题，而是经济和社会问题。德国和日本都曾经以"好战"闻名，给欧洲、亚洲造成过巨大的灾难。但二战后它们都通过和平方式进入世界上最富有国家的行列。与其说这是德国和日本的"民族性"得到了改造，不如说是它们做出了理性的战略选择，是全球化的国际大环境使然。美国作为霸权国，一直在通过巩固国际安全同盟和网络、鼓励大国责任分担等方式，降低其霸权维护成本。改革开放后的中国则有效地增强并运用自己的经济实力、军事实力、政治影响力，同美国展开了长期的和平竞争。任何潜在敌国对中国发动战争，都会得不偿失。

第三，国家决策能力增强，相互了解增加，潜在冲突国家之间普遍建立了危机预防和危机管控机制。

历史上大国之间的战争，导火索往往是战略情报失误、政府对军队失控，或领导人独断专行。今日的大国，无论其政体如何，都强调国内决策的科学化和制度化，在重大外交、军事问题上协调政府各部门，咨询智库和专家的意见。在各大国之间，从领导人峰会到政府工作层面的沟通，再到非正式的“第二轨道”对话都非常频繁——由外交、国防、情报和准军事部门参与的危机预防和管控机制（如“军事热线”）得以建立并逐步完善。在这些专业化的机制下，即使大国间的严重分歧暂时得不到缓解，也可以尽量避免战略误判和局部危机升级为全面战争。

第四，在世界各大国的协调下，建立了禁止大规模杀伤性武器扩散机制、联合国维和机制、核军备控制机制等，这些机制对于遏止国际冲突或降低其激烈程度，对于制止某些国家的内战，都起到积极作用。

第五，和平作为一种价值观，在全世界范围内日益深入人心。

两次世界大战和当代若干场战争，给世人留下了十分惨痛的教训。2001 年“9 · 11”恐怖袭击事件后美国发动的阿富汗战争和伊拉克战争，也没有带来相关国家的安定和发展。把战争作为解决国内和国际政治冲突的手段，在当今世界日益失去人心。同时，经济全球化和社会信息化刺激了人类的物质需要，也在一定程度上改变了人们的精神需求和兴趣爱好。人口、信息、商品、货币的流动和联系空前增加，人类命运共同体和“地球村”意识已崭露头角。年青一代的社会认同、自我中心意识、社交方式同他们的长辈拉开了距离。中国哲学学者何怀宏指出：“对于反对战争和暴力来说，我认为最为根本和迫切的是一种有关生命优先、生命至上的道德原则的教育。”[39] 应当看到，激进民族主义在各国民众中仍然有很大市场。但除恐怖分子之外的人群，往往把民族主义作为一种情绪宣泄而非行动指南。在社交媒体上鼓吹战争的少数人，其实并不想让自己和亲友上战场，只想让他人充当“敢死队”。

以上关于当代战争与战争威胁减少的数据和分析，并不能证明人类暴力行为受到更多制约是一个不可逆转的长远趋势。2022 年 2 月以来的俄乌冲突，2023 年 10 月以来以色列同中东一些激进组织之间“以暴易暴”的军事行动，以及世界其他地区正在发生的战乱，说明历史上的战争逻辑还在起作用，20 世纪两次世界大战和冷战的教训并没有被真正吸取。现在世界上最强大的两个国家——中国和美国，发生“新冷战”甚至“热战”的危险也不能排除。[40] 对此我们必须保持清醒的头脑。

第三节　非传统安全问题的凸显

人类安全所面临的威胁来源，大体可以分为三大类。第一类是人为的、社会造成的，包括战争、暴力、政治迫害、刑事犯罪、交通事故、医疗事故、生产安全事故、环境污染、食品安全等。这些威胁可以通过个人和社会的主观努力加以避免或减轻。第二类是自然造成的，包括地震、水灾、海啸、旱灾、雪灾、火山爆发等各类自然灾害，是无法避免或难以控制的。第三类是疾病，特别是传染病。艾滋病每年夺走上百万人的生命。1347—1353 年，席卷整个欧洲的鼠疫（“黑死病”）造成 2 500 万人死亡，占当时欧洲总人口的 1/3（可以相对照的是，欧洲因二战而死亡的人数占当时欧洲总人口的 5%）。

随着现代技术发展、财富增加、社会治理能力的增强，这三类安全威胁的界限越来越不清晰。有些自然灾害可以预防、预报。自然灾害发生之后的减灾救灾工作，传染病的防治，禁止走私贩毒，这些更是政府和社会组织责任之所在。

20 世纪的两次世界大战和其他大规模武装冲突，让人们对战争刻骨铭心。21 世纪初以来，一系列非传统安全问题吸引了人们的眼球，人们从电视直播和网络视频中目睹了 2001 年“9 · 11”恐怖袭击事件、2003 年中国非典危机、2011 年日本福岛核泄漏事件、2013 年“棱镜门”事件、2014 年非洲埃博拉病毒疫情、2015 年席卷欧洲的难民潮、近年来“伊斯兰国”极端势力的恐怖杀戮行为、随时可能发生的网络攻击和信息诈骗，以及地震海啸、气候变化和环境污染等等。战争威胁下降以后，各国政府和国际舆论对非传统安全问题的关注度大大提升。

美国战略家亨利 · 基辛格早在 20 世纪 70 年代就注意到非传统

安全问题的重要性。他描述道："能源、资源、环境、人口以及太空和海洋的利用等问题已经与构成传统外交议程的军事安全、意识形态和领土争端等问题并驾齐驱。"[41] 最早提出"非传统安全"概念的是美国普林斯顿大学国际关系学者理查德·乌尔曼，他于1983年在《国际安全》期刊上发表《重新定义安全》一文，明确提出国家安全、国际安全概念应予扩大，使之包容非军事性的全球问题，把人类的贫困、疾病、自然灾害、环境退化等，均纳入安全研究中。[42]

有学者把非传统安全分为五类：一是人类社会为实现可持续发展所必须面对的安全问题，如自然灾害、生态恶化、资源匮乏、能源危机、传染病流行等；二是一个国家内部产生的社会问题影响到其他国家、地区甚至整个国际社会，如经济危机、难民问题、社会危机、民族宗教冲突等；三是有组织的跨国犯罪活动，如跨国毒品贩运、国际洗钱、海盗、拐卖人口、非法移民等；四是国际恐怖主义组织对国际社会的冲击；五是全球化和国际交流扩大所带来的负面影响，如金融危机所引发的经济安全问题，电脑病毒、黑客所引发的信息安全问题，核电站事故引发的核安全问题等。[43]

传统安全和非传统安全问题的最大区别，在于前者一般可以通过加强国内治理和防止国家间战争得到保障，而后者往往跨越传统的国家界限，没有哪一个国家能单独应对。传统的军事安全领域是一种"零和游戏"，即一个国家加强军事力量会造成另一个国家的惧怕和防备，国家安全需要依靠提高军事力量的自助方式获得。非传统安全则打破了"一方获益、另一方受损"的传统国际关系思维和国家中心主义，提倡国际社会以合作的方式获得安全。在非传统安全的思维模式中，应对暴恐活动、环境污染、气候变化、传染病、非法移民、走私贩毒等全球性挑战，需要政府间合作，也需要跨国非政府组织配合。“合作安全”“共同安全”等概念与合作形式应运而生。1982 年，瑞典首相奥洛夫·帕尔梅主持的裁军与安全问题独立委员会起草了《共同安全：一种生存蓝图》的报告，指出“共同安全是基于这样一种认识，即安全的最佳保障是通过合作而非相互竞争的强权政治来获得”。[44]

近一个世纪以来，在非传统安全领域发生的最严重危机，当属 2020 年年初暴发的新冠疫情。2020 年 1 月 30 日，世界卫生组织宣布将新冠疫情列为国际关注的突发公共卫生事件，这是世界卫生组织的最高级别警报。同年 3 月 11 日，世界卫生组织宣布将新冠疫情定性为全球“大流行”。2023 年 5 月 5 日，世界卫生组织宣布，新冠疫情不再构成国际关注的突发公共卫生事件。这场历时 1 191 天的全球卫生紧急事件终于宣告结束。从历史上来看，全球大流行的疫情很少有超过三年的，但新冠疫情时间超过了三年半。新冠疫情对全球政治、经济、生活、教育等各方面的影响，远远超过了肆虐全球的 1918 年大流感。根据世界卫生组织的官方说法，多数新冠患者无需医院治疗即可痊愈，而重症者需要尽快接受治疗。2019 年 12 月以后，全球发现的新冠病例约有 7.6 亿，注册的死亡人数约为 690 万，但实际发生的数字远高于此。截至 2023 年 6 月，登记的新冠疫苗接种超过 130 亿剂次。[45]

恐怖主义是对人类威胁最大的非传统安全问题之一，也是在政治上引起争议最大的问题之一。《中华人民共和国反恐怖主义法》对恐怖主义的定义是："通过暴力、破坏、恐吓等手段，制造社会恐慌、危害公共安全、侵犯人身财产，或者胁迫国家机关、国际组织，以实现其政治、意识形态等目的的主张和行为。"[46] 一方面，从这一定义看，恐怖主义与国家政治安全高度相关，应当被视为传统安全问题。美国曾经把伊朗、叙利亚等国家列为"支持恐怖主义国家"，也是把恐怖主义问题作为军事安全问题来处理的。另一方面，恐怖主义构成跨国界的威胁，许多相关问题需要国际合作才能解决，所以也可以被列为非传统安全问题。

一般说来，世界现代史上的恐怖主义，始于 20 世纪 60 年代。在以奥萨马 · 本 · 拉登为首的"基地"组织没有大规模活动之前，英国和爱尔兰的"爱尔兰共和军"、意大利的"红色旅"、日本的"奥姆真理教"等，都被视为著名的恐怖组织。拉登策划的 2001 年"9 · 11"恐怖袭击事件前后，恐怖主义普遍被视为同某种宗教极端主义相联系。联合国安理会在 2001 年 11 月 12 日以第 1377 号决议形式，通过《全球努力打击恐怖主义的宣言》，明确宣告："国际恐怖主义是对所有国家和全人类的挑战"，"是 21 世纪对国际和平与安全的一个最严重的威胁"。[47] 中国的《反恐怖主义法》规定："国家反对一切形式的以歪曲宗教教义或者其他方法煽动仇恨、煽动歧视、鼓吹暴力等极端主义，消除恐怖主义的思想基础。"其文本中的恐怖主义指向是相当明确的。

自 20 世纪 90 年代初以来，"人的安全"（human security）逐渐成为世界政治中的重要议题。在其倡导者看来，国际社会的安全主体或安全关切对象，已经或者应该从国家转向人类个体或整体，“人的安全”应该取代国家安全或国际安全成为首要价值。[48]联合国在《1993年人类发展报告》中正式提出了“人的安全”的概念，强调通过“人的发展”（human development）达到安全。报告认为：安全概念必须改变，应更着重于人的安全，通过“人的发展”达到安全。《1994年人类发展报告》首次对“人的安全”进行了具有重大意义的界定：“人的安全可以说是涵盖了两个主要方面：一是能够避免诸如来自饥饿、疾病、心理压抑等的长期性威胁；二是保护人们在日常生活中免于突如其来的伤害性的灾难。”由此，“人的安全”明确为联合国的安全指涉对象。[49]

“人的安全”是一个很有挑战性的“叛逆”概念，它挑战的是《威斯特伐利亚和约》签订以来国际社会达成的共识——不干涉他国内政的原则，即国际法的基本准则。冷战结束后，国际上出现了一股强调人权高于主权的思潮。1999年3月北约发动科索沃战争之后，联合国秘书长科菲·安南在法国《世界报》上刊文表示：“人是一切的核心。国家主权的概念本身就是为保护个人而设计的。个人是国家存在的理由，而不是反过来。我们再也不能接受一些国家的政府以主权为借口无视公民权利。”[50]

安南表达的这一主张成为“人道主义干预”的思想后盾。冷战结束以来，联合国维和部队多次介入地区冲突，尤其是一些国家内部冲突，实行“保护的责任”，避免种族屠杀和滥杀无辜。但是“人道主义干预”也引起许多发展中国家的疑虑和不满，对于它们来说，维护主权始终是最重要的国家安全价值。非传统安全问题不应当压倒国家政治安全。时任中国国际问题研究所所长杨成绪指出，人权与主权之间的关系日益成为冷战结束后国际上激烈争论的焦点。阿尔及利亚前总统布特弗利卡代表非洲国家在1999年第54届联合国大会上抨击以维护人权的名义干涉他国内部冲突的倾向。布特弗利卡强调，非洲国家“对自己的主权遭到任何损害仍然极为敏感”，主权是非洲国家“对一个不平等的世界制度的最后一道防线”。[51]

“人的安全”概念还涉及环境保护、公共卫生以及打击海盗和走私贩毒等相对“软性”的所谓“低度政治”问题。由于各国面临的非传统安全威胁的类型、程度各不相同，不同国家之间很难就某一个问题完全达成共识。同时，许多非传统安全问题根植于各国自身文化、社会、经济的深层土壤中，各国在资源运用、社会动员、应对机制等方面有各自的局限。在这方面，比较典型的是全球气候变化问题。世界各国都承认气候变化问题的严重性，但欧盟、美国、日本等推卸减排责任；“基础四国”（巴西、南非、印度、中国）作为发展中国家代表，强调“共同但有区别的责任”，承诺在能承受的减排压力下将尽最大努力；欠发达国家则声明自己是气候变化的受害者，需要损害补偿和资金技术支持；而小岛国自成一派，它们除了和其他发展中国家一样要求资金技术支持外，还提出激进主张，强烈要求所有发达国家和发展中国家尽快强制减排，因为气候变化导致的海平面上升有朝一日会将小岛国淹没在大洋中。

第四章
财　富

第一节　作为政治目标的财富

和“安全”一样，把“财富”列为世界政治的终极目标，是不会有什么争议的。“和平与发展是时代主题”，其中的“发展”主要指的是经济发展，也就是财富积累的过程。

“财富”有许多种定义，但其基本含义众人皆知。古希腊哲学家亚里士多德在《尼各马可伦理学》一书中认为：财富是价值的一种形态，指可以用钱来衡量其价值的东西。[1]通俗地说，凡是能拿钱买来的东西就是财富。一般而言，财富包括物质资料和劳动。物质资料是指土地、矿产等生产要素，劳动则包括劳动者的身体健康和寿命长短。17 世纪英国经济学家威廉·配第发现，影响劳动生产率的不仅仅是劳动的技巧、熟练程度和一般判断力，还有自然资源的禀赋，主要是指土地这个要素。配第指出，“劳动是财富之父，土地是财富之母”[2]。亚当·斯密则认为，供给之丰富或匮之更加依赖于这两个条件的后者，即劳动技能、熟练程度和判断力。他还认为，货币本身并非财富，一个国家的富裕程度不在于流通中的货币数量，而在于生活必需品的丰富。只有能够满足人们需要的实物或者劳务才是真正的财富。[3]

我们经常听到“精神财富”的说法，有人说精神资源也应当被视为财富。我认为，某些精神资源（也是精神产品），如影视作品、艺术品、知识产权所保护的技术成果，可以包含在上文“劳动”的含义之中，当然也是财富。宗教信仰等精神领域的事物，虽然也可以被视为“精神财富”，但难以用货币来衡量。本书中所讨论的财富，仅限于可以用货币衡量的物质财富，即满足人类生存所需要的物质资料和劳动。

财富有两种表现形式：一种是实物形式，另一种是价值形式，即用货币价格衡量财富价值。在长达两三百万年的旧石器时代，早期智人依靠狩猎和采集生存，没有储存的财产。后来有了劳动分工，每个行业的生产率提高了，诞生了农耕文明。为了保存剩余财富，人们围绕财富的囤积点建立固定的居所。在这一历史阶段，财富的表现形式是直接可用于生活需要的物品，实行以货易货。

随着物质资源逐渐丰富，贸易需求逐渐扩大，人们希望找到某种本身既有用又便于交换的货物，作为买卖余物及购取所缺物品的中介。亚当·斯密在《国富论》中写道：“在社会未开化时期，据说曾以牲畜作为商业上的通用媒介。虽然牲畜是一种很不方便的交换媒介，但我们发现古代常用交换的牲畜头数来决定一些物品的价值。荷马曾说：迪奥米德的铠甲仅值九头牛，而格罗卡斯的铠甲却值一百头牛。据说，阿比西尼亚以盐为商业和交换的媒介；印度沿海某些地方，以某种贝壳为媒介；弗吉尼亚用烟草；纽芬兰用干鳕鱼；英国西印度殖民地用砂糖；其他若干国家则用兽皮或皮革。据我所闻，直到今日，苏格兰还有个乡村，那里的工人还用铁钉而不是货币来交换面包师的面包或是啤酒店的啤酒。”[4] 从英文词源上来看，资本（capital）和牛（cattle）都起源于拉丁文 caput，意为牛头。一个人拥有的牛的头数就代表他拥有财富的多寡。在古罗马共和国时期，士兵会领到一份盐作为报酬，这份盐被称作 salarium，即薪水（salary）这个词的起源。18 世纪，鹿皮（buckskin）在美国的边疆地区曾作为一种货币流通，因此美国人至今还会把美元称为 buck。[5]

后来，人们发现金、银、铜、铁以及类似的金属更合乎交换中介的要求，包括普遍适用并便于携带，于是金、银、铜等贵金属货币出现。据信世界上最早出现的纸币是中国宋朝的交子。近现代很多国家都发行纸币，用国家信用作为担保。随着经济领域扩大，股票、债券、期权和其他金融工具被创造出来并进行交易。黄金由于其稀缺、抗腐蚀，以及耀眼的装饰功能，成为用于贸易、储备、投资的特殊通货。黄金又是当今电子业、现代通信、航天航空业等部门的重要材料。

可以说，世界上大多数人追求财富的欲望与生俱来，至死方休。人们获得财富的强烈欲望，是政治活动的强大动力之一。中国俗语中的“人为财死，鸟为食亡”“有钱能使鬼推磨”，英语俗语中的“money talks”（金钱万能），都指向了财富的社会和政治功能。《论语》有言“富而可求，虽执鞭之士，吾亦为之”[6]，说的是孔子认为只要给的报酬高，连执鞭赶车的活儿都可以干。英国大文豪威廉·莎士比亚说：“金钱是个好士兵，有了它就可以使人勇气百倍。”

法国思想家让–雅克·卢梭写道："我们手里的金钱是我们保持自由的一种工具。"[7]《圣经》记载，犹大为了 30 块银币出卖了耶稣，招致 2 000 多年的骂名。

创造财富的过程就是世界政治发展的过程。人群从家庭扩展成部落，从部落演变成村庄和城市，直到形成早期形态的国家，都是围绕财富的积累开始的。在农耕时代，财富积累主要靠武力掠夺，而掠夺越来越制度化，产生了税收体系。据考古学者考察，在所有地区，文字最早都是作为一种记载追踪财富去向的技术而出现的，甚至在没有出现完整书写系统的印加古国，统治者也发明了一种类似结绳记事的方法进行财务管理。[8]

1096—1291 年，在罗马天主教号召下，西欧封建领主和骑士、信徒前后 8 次对地中海东岸伊斯兰国家发动战争，号称目的是夺回落入伊斯兰教手中的原罗马天主教圣地耶路撒冷。这个长达近 200 年的系列军事行动史称"十字军东征"。据历史学者分析，十字军激情延续 200 年不断，宗教信仰固然是一个强大动力，但掠夺财富和土地也是强大的诱因。东方黄金的传说和对暴富的憧憬，一直是众多欧洲人参与战争的动力。[9]

在中世纪的欧洲，基督教会掌握了意识形态的绝对控制权。欧洲思想僵化，社会停滞不前。教会运用神权大肆敛财，罗马天主教会从人们身上攫取的财富之多，超过历史上任何其他组织。整个欧洲，包括冰岛和格陵兰岛上的人，都必须向教皇的金库纳税，每人首先缴纳年收入的 1/10，即什一税。神职人员则以更高的比例纳税，将第一年收入的一半交给教皇，此外还经常要交各种附加税。[10] 每一任教皇的生活都阔绰得像君主。

尽管财源广进，历代教皇仍入不敷出，于是教堂将圣职明码标价出售，行贿受贿、买卖圣职、勒索钱财成了神职人员生活的主要内容。“教会的一切，从红衣主教的帽子到朝圣者的遗骸都被拿去卖钱。”[11] 对于买不起神职的普通人，购买“赎罪券”成为他们唯一的安慰。1476 年，教皇西克斯图斯四世宣布，赎罪券也适用于正在炼狱中遭受煎熬的灵魂。这使得一些不幸的农民宁可饿死自己和家人，也要将自己热爱的人从痛苦中拯救出来。一句谚语就此产生：“钱箱一响，灵魂出狱。”[12] 贩卖赎罪券的筹资活动在教皇亚历山大六世时期达到顶峰。教会的贪得无厌和道德败坏，激起人们的不满和反抗，在教皇亚历山大六世死后 14 年，新教徒马丁·路德以赎罪券事件为契机，发起宗教改革运动，否定了天主教会不容置疑的权威。人们逐渐从愚昧的绝对神权思想禁锢中走出来。

接下来的西欧文艺复兴和大航海时代，将欧洲推到世界政治经济舞台的中心。15 世纪和 16 世纪之交，欧美两大陆之间新航线的开辟，以及其后 400 多年西方主导的世界秩序，都与财富的驱动有关。恩格斯说：“葡萄牙人在非洲海岸、印度和整个远东寻找的是黄金；黄金一词是驱使西班牙人横渡大西洋转到美洲的咒语；黄金是白人刚踏上一个新发现的海岸时便要索取的第一件东西。”[13] 航海大冒险花费高昂，西班牙、葡萄牙等国的王室和私人投资者却有极强的动力对航海活动进行投资。他们的首要动机是寻找通往亚洲和其他地区的新商路。1492 年发现美洲新大陆的意大利航海家克里斯托弗·哥伦布，在一封写给友人的信中毫不讳言自己对黄金的向往：

“黄金是一切商品中最宝贵的，黄金是财富，谁占有黄金，谁就能获得他在世上所需要的一切，同时也就取得了把灵魂从炼狱中拯救出来并使灵魂重享天堂之乐的手段。”[14] 新航线的开辟的确使相关国家获得巨额财富。在三个世纪里，西班牙从拉丁美洲获取 255 万千克黄金和 1 亿千克白银，约值 60 亿美元。西班牙依靠广阔的海外领地和源源不断流入的黄金，第一次确立了世界霸权。[15] 更为重要的是，资本向全球范围扩张，海上运输网络把世界各个零碎的农耕地区连接成一个有机的整体。

从古至今，多少王朝和帝国为了争夺财富而发动战争，攫取战果，又因战争而最终烟消云散。20 世纪英国经济学者阿瑟·塞西尔·庇古指出，促成战争爆发的情形甚多，包括一些细微的事件，如官吏被杀、狡猾的外交家伪造电报等，但这些并非战争的真正原因，不过是火药库中引火的火柴而已，真正的原因，“最终不外是统治欲和求利欲二者”[16]。

美国 18 世纪的独立战争和 19 世纪的内战皆受财富驱动。1763 年，长达 7 年的英法战争结束，为了减轻英国国内的经济负担，英国政府开始大量增加对北美殖民地的税收。沉重的税负引发了北美殖民地人民的强烈不满。[17] 美国宣布独立时，北美殖民地代表在《独立宣言》中宣称：英国“未经我们同意便向我们强行征税”[18]，人们有权利推翻这样的政府。

毫无疑问，财富一贯对军事力量起到决定性作用。中国春秋时期的名相管仲说：“国富者兵强，兵强者战胜。”[19] 普鲁士军事战略家卡尔·冯·克劳塞维茨在《战争论》中提出，应该根据敌我双方的经济状况制订战争计划，各国政府的“全部力量就集中体现在自己的金库上”。因此，克劳塞维茨把“金钱、财富和信用贷款”等经济情况作为制订战争计划的基本依据之一。[20]欧洲有一句名言：战争中，获胜的一方往往是拥有最后一块金币的一方。美国历史学者保罗·肯尼迪认为，在大国间的一场长期战争中，胜利往往属于有坚实经济基础的一方，或者属于最后有财源的一方。[21]财力雄厚的美国加入二战，极大地改变了战争双方的力量对比，对战争的结局起到了关键作用。

需要强调的是，财富是政治和军事斗争重要的驱动力，但并非唯一的驱动力，有时甚至不是主要的驱动力。财富与政治争斗、财富与武力之间的关系是复杂的互动关系。许多人认为，20世纪两次世界大战都起因于对财富（包括领土、殖民地、劳动力）的角逐。对德国和日本这两个在自然资源方面不能自给自足的国家来说，征服邻国的诱惑力尤为巨大。不过，把帝国扩张和发动战争的原因仅仅归结为攫取财富，未免过于简单化了。[22]在一本研究德国挑起一战动因的学术专著中，中国学者梅然提到，西方一些学者用经济帝国主义理论来解释德国的战争动机，“中国学术界长期以来也将帝国主义列强之间的经济竞争作为第一次世界大战发生的主要根源，将对市场、原料来源和投资机会等经济资源的争夺作为德国在1914年挑起战火的主要动因”。但是，经过对史料的详细分析，梅然的结论是，“基于政治-军事目标的预防性战争动机是德国当局走向大战的首要动机，即使他们也有意从大战中获得经济收益，这应是附带和随机性的”。[23]

观察研究财富和政治的关系，可以得到以下几点结论。

第一，财富是人们从事政治活动、获取政治权力的目的之一，赢得政治权力又是人们获取财富的目的之一，二者互为因果。政治的其他终极目标，如本书上一章论述的安全，同政治之间不具备这种互为因果的关系。

第二，财富的积累与分配是政治活动中可衡量的主要部分。根据伊斯顿的定义，政治是对价值的“权威性分配”（参见本书第一章第一节）。显而易见，财富是价值中最普遍被追求的东西，而且是多种价值（如自由、道德、技术、知识等）之中，唯一易于用数字衡量的东西。统治者、统治集团和参与政治的其他权谋者，比如欧洲中世纪的教皇和各级神职人员，可以盘算他们为了获得某个数量的财富，需要付出多少代价，承担多大风险，掌握多大权力，谋求多高职位。所谓“买官卖官”，也就可以“明码标价”了。在法治不健全的条件下的“民主选举”，也是同一个道理：到基层拉选票的支出，可以用支持者的捐赠和当选后的贪腐来弥补。所谓“政治掮客”，就是钱权交易的中介。司马迁在《史记》中说，“天下熙熙，皆为利来；天下攘攘，皆为利往”[24]，就是政治掮客的真实写照。

第三，战争作为政治的继续，也同财富密切相关。克劳塞维茨指出，“战争是政策的一个工具。它必然带有政策的特征，并由政策标准度量。战争操作在其大轮廓上因而就是政策本身，后者拔剑代笔，但并未因此停止按照它本身的法则去思考”[25]。手中掌握多少财富，是发动或参与战争、进行武装革命的政治集团的主要考虑之一，因为暴力行为必须考虑可能的成本和收益。但是也不能夸大财富与暴力行为之间的因果关系。许多极端势力和暴恐分子，并不以财富为直接目标或主要目标。

第四，劳动创造财富，但政治分配财富。对个人、群体和国家来说，财富本身是好东西，问题在于获得财富、使用财富的手段是否正当公平。没有良好的政治制度和公正的分配原则，劳动创造的财富再多，也无法满足劳动者的需要。马克思主义承认经济发展在人类历史中所起的进步作用，同时又揭露了积累财富过程中阶级剥削和政治斗争的残酷性。在《共产党宣言》中，马克思和恩格斯指出："资产阶级在它不到一百年的阶级统治中所创造的生产力，比过去一切世代创造的全部生产力还要多，还要大。"[26]此外，他们又谴责资本主义贪得无厌地追逐剩余价值的最大化。马克思在《资本论》里指出："资本来到世间，从头到脚，每一个毛孔都滴着血和肮脏的东西。"[27]马克思主义政治经济学的落脚点是必须消灭阻碍生产力发展的生产关系，解放生产力，进入物质极为丰富的"各尽所能、各取所需"的共产主义社会。

第二节　"财富大爆炸"及其可能的逆转

谈论当今世界政治中的财富问题，最应当引起注意的是一个简单的事实：几十年来，世界上集聚的财富迅速增加，全人类的物质生活水平达到前所未有的新高度。

据美国经济史学者麦克洛斯基统计，两个世纪前，全世界人均每天的收入折合成现价是 3 美元，而且自人类社会诞生以来就一直维持在这一水平。而现在，这一数字增加至原来的 10 倍还多，达到 33 美元。这种规模的“财富大爆炸”（The Great Enrichment）是空前的。她还指出，收入成倍增长在历史上并不罕见，在古希腊、古罗马，以及北宋时期的中国、莫卧儿王朝时期的印度都曾出现过。不过在那时，收入水平的大规模增长并不能持久，人们的生活水平会很快跌落到今天阿富汗平民的境地，即每人平均每天的收入不足 3 美元。但是，当今世界的财富积累已经不会整体上大起大落了。麦克洛斯基认为，财富大爆炸之意义堪比人类开始种植谷物、饲养家畜，超过战争以及各种社会变化，会重启历史，并将终结贫困。[28]

世界银行 2015 年 10 月公布的报告也令人宽慰。根据世界银行 2011 年开始采用的每人每天 1.90 美元的最新国际贫困线标准，2015 年全世界极端贫困人口减少到了 7.02 亿，占全球总人口的比例降低到 9.6%，这也是全球贫困人口占比首次降低至 10% 以下。按照同样的贫困线标准衡量，在冷战即将结束的 1990 年，极端贫困人口占到世界总人口的 37.1%。相比之下，进步是非常显著的。世界银行该项报告还显示，在过去数十年里，东亚及太平洋、南亚和撒哈拉以南非洲三大地区的贫困人口占了全球贫困人口的 95% 左右。但是现在撒哈拉以南非洲的贫困人口占全球贫困人口的一半，东亚只占 12% 左右。[29] 东亚贫困人口的下降，首先归功于中国。[30] 人类发展和财富积累是无止境的。按照这个时期的预想，绝对贫困问题有望在不久的将来得到基本解决。

这个时期的“财富大爆炸”是怎样发生的呢？这需要简单回顾一下世界经济发展的历史。

在农耕时代，主要生产资料是土地和人口，劳动生产率低下，人类财富的总量增长缓慢。多数人群挣扎在温饱线上，而国家增加财富的手段主要靠武力掠夺。横跨欧亚的罗马帝国、蒙古帝国，亚洲的莫卧儿帝国，美洲的印加帝国，无一不是靠四处征战，聚集了巨额财富。然而，帝国一旦战败或者停止扩张掠夺，其巨额财富就烟消云散。正如美国政治学者弗朗西斯·福山所说，在这一时代，"技术革新也有发生，但速度太慢，以致人均产量的增加很快因人口增长而抵消。生产性投资机会不多，一个群体组织起来，榨取另一个群体的农业剩余，构成全部的政治活动"[31]。

在农耕时代，商业贸易也是积累财富的重要手段。不过，只有极少数国家，如位于地中海沿岸的威尼斯共和国，凭着贸易一度成为强国。12世纪，威尼斯共和国宣布效忠拜占庭帝国，由此获得贸易特权，成为东方丝绸和香料的中转站。精明的威尼斯商人创造了世界上最早的"融资""信用机制""合资公司"等金融制度，成立了世界上第一家银行，促进流动资金循环，成为国际债权人。大航海时代开始后，不处于远洋交通要道的威尼斯不可避免地衰落了。取而代之的是另一个贸易大国荷兰。被誉为"海上马车夫"的荷兰长期从事海上贸易，组建了一套高效而健全的金融体系，为其成为17世纪的世界经济霸主奠定了基础。

真正为人类财富的繁荣增长带来重大突破的是技术革命和创新。18世纪中叶，英国依靠工业革命建立了煤炭、纺织、冶金三大支柱性产业，确立了"世界工厂"的地位，顺利获得了世界工业霸主的地位。[32] 工业革命从英国传播到整个欧洲大陆，19世纪又传播到北美地区，世界从农耕时代进入了工业时代。

苏格兰经济学者安格斯·麦迪逊汇编了从公元元年开始至1992年的世界经济增长数据库。[33]他发现，直到1820年前后，人均世界经济增长——描述人类物质进步的最准确指标——都接近于零。但是在工业革命进入高潮的1820年后不久，繁荣以不可阻挡之势涌现，对后来的每一代人来说，下一代人总会比他们的父辈生活得更舒适、更见多识广、更具有预见性。美国学者威廉·伯恩斯坦指出，财产权、科学理性、资本市场和高效的交通与通信技术进步这四大要素，是维持经济增长和人类进步的根本因素。[34]欧洲和北美的经济在19世纪进入了一个良性循环：技术的发展带来了生产力的提高，生产力的提高又带来了财富的集聚，这样就有了更多的资本为更大的技术进步提供动力。随着工业经济不断地采用高生产力、资本和知识，增长就具有了自我可持续能力，势不可当。

关于近现代人类财富为何能够大量增加，而且维持在高水平，可以做出几种不同的解释。第一种解释强调技术进步因素。按照通行的说法，近代以来出现了三轮技术革命。第一轮技术革命发生于18世纪80年代，标志是蒸汽机及其应用；第二轮技术革命发端于19世纪70年代，标志是电气化；第三轮技术革命从20世纪50年代开始，标志是微电子技术的发明和应用。

发端于20世纪末的第四轮技术革命风起云涌，至今方兴未艾。它以互联网产业化、工业智能化、工业一体化为标志，以人工智能、清洁能源、无人控制技术、量子信息技术、虚拟现实、生物技术、物联网、3D（三维）打印、区块链、大数据、智慧城市为特色。这一轮技术革命正在形成一个高度灵活、人性化、数字化的产品生产与服务模式，它将数字技术、物理技术、生物技术有机融合在一起，迸发出强大的力量。在知识经济的潮流中，服务业的扩展速度大大高于制造业。服务业对土地和劳动力的需求较少，对资本和知识的需求很高。资本密集型和知识密集型产业维持了最稳定的增长，促进了经济的繁荣。

第二种解释强调资本积累因素。以亚当·斯密为代表的西方古典经济学派把劳动生产率看作财富增长的一个重要原因，并认为劳动生产率的提高最终是由分工引起的。提高生产率的有效手段是分工。机械与工具的发明改良都需要资本的积累。资本的增加导致劳动力需求的增加和工资水平的提高，其结果是市场容量的扩大，形成一种良性循环。马克思主义则指出，剩余价值是资本积累的源泉。资本积累的规模与剩余价值的量成正比，资本家占有的剩余价值越多，资本积累的规模就越增大；资本积累的实质是资本家将其无偿占有的剩余价值的一部分再转化为资本，用来购买追加的生产资料和劳动力，扩大生产规模，从而进一步无偿地占有更多的剩余价值。在《21世纪资本论》[35]中，托马斯·皮凯蒂将世界经济分成两个基本要素：资本和劳动力。两者都被用于生产并分享产出的收益。资本可买入、卖出、拥有，从理论上讲可无限累积，劳动力是个人能力的使用，可获得酬劳，但不能被别人拥有。资本回报率总是倾向于高于经济增长率。不过，相关马克思主义经典著作和皮凯蒂等人的研究，重点不在于解释为何有大量的财富积累，而在于批判现代资本主义所带来的贫富差距扩大——人均财富增长不等于所有人的财富都在同时增加。

第三种解释突出制度因素。一些经济学者指出，有效率的经济组织是经济增长的关键。[36] 国土面积较小的荷兰和岛国英国能在17世纪、18世纪先后引领经济潮流，皆是因为经济所有权结构的优化，从而为产业革命创造条件，带来经济总量和经济质量的飞跃。珍妮纺纱机的发明者詹姆斯·哈格里夫斯是英格兰偏远农村的木匠，发明电灯的托马斯·爱迪生曾经是报童和电信报务员，计算机“鬼才”比尔·盖茨在学生时代经常逃课。他们具有丰富想象力的发明，是通过有效率的经济组织和信息传播，同其他技术“交配”而成为爆炸性的技术突破。

同时，技术创新和财富积累需要依靠鼓励个人自由和公平竞争的政治经济制度。事实证明，最独具匠心的人，是摆脱了束缚的人，而不是奴隶、农奴，不是处于从属地位的妇女，不是受缚于等级制度或资本主义国家官僚体制里的人。企业家在一个鼓励个人发家致富而又法治健全的市场经济环境中，才能充分发挥自己的才干，用各种方式积累财富。美国学者威廉·伯恩斯坦在《财富的诞生》一书中谈到，政府对财富增长所起的作用通常都是负面的，尤其是在那些法治不健全的国家里，政府官员的寻租和腐败行为减少了财富积累，破坏了财富的公正分配。

第四种解释强调全球化因素。发达国家利用全球化大力扩充资本和市场，而发展中国家和地区在最近几十年奋力追赶。根据世界银行的定义，二战后有13个经济体“毕业”成为高收入经济体，其中就包括亚洲“四小龙”。这些后发国家和地区的成功案例的共同点，可以简单总结为三点：外向型经济政策、财产权保护、宏观经济环境基本稳定。[37] 中国改革开放 40 年来的“经济奇迹”，是积极参与经济全球化的结果，在世界财富增长中厥功至伟。

第五种解释关系国际政治因素，特别是世界和平得以长期维持与冷战的终结。历史上财富积累半途而废，主要都是战争造成的。只要世界是大体和平的，经济发展就不会有大的中断或者倒退。中国政治学者朱文莉指出：“苏联解体和东欧国家政局的变化不仅意味着东西方军事对峙的结束，这个国际政治领域的巨变也使计划经济与市场竞争之间的天平决定性地向后者倾斜。……如果说是技术革命帮助经济活动跨越地理界限的话，那么国际关系中的变革则破除了政治樊篱，使各国奉行的规则和制度迅速地趋向一致，趋向有利于世界市场的模式。”[38]

将上述技术、资本、制度、全球化、国际政治因素综合起来，为何会发生“财富大爆炸”就得到了比较合理而全面的解释。

但是，近若干年来的世界经济形势沉重打击了上述乐观估计。中国国际发展知识中心于 2023 年 9 月发布的《全球发展报告 2023》指出，新冠疫情大流行、地缘政治冲突、通货膨胀、经济增速放缓等危机交织叠加所产生的冲击，使得全球减贫进程遭遇逆转，波及全球各个国家和区域。

这个报告援引世界银行 2022 年的预测指出，在目前全球不平等扩大、经济增长迟滞、通货膨胀高企的条件下，2030 年全球贫困发生率为 6.8%，消除贫困目标基本确定无法实现。撒哈拉以南非洲和南亚是全球贫困人口最为集中的两个区域。

报告称，即便是在发展程度较高的欧洲国家，相对贫困发生率也出现逆转。报告指出，能源和食品价格飙升，造成了巨大的经济、社会和政治压力。以收入中位数的60%作为相对贫困标准，2015—2019年欧洲国家缓解相对贫困进展显著，贫困发生率持续下降。但2020—2021年，欧洲国家相对贫困发生率逆势上升。在具备2021年统计数据的31个国家中，有11个国家的相对贫困发生率较前一年增加。[39]

据世界银行的统计数据，截至2023年10月，全球有7亿人处于绝对贫困状态，他们平均每人每天的生活费低于2.15美元的绝对贫困线。50%以上的绝对贫困人口生活在撒哈拉以南非洲。2020—2022年的新冠疫情，使低收入国家贫困化加剧，经济复苏缓慢。[40]

在进入新的动荡变革期之后，世界出现的"财富大爆炸"有可能发生逆转。但是只要不发生大国之间的毁灭性战争，不出现比新冠疫情更为严重的灾难，在技术创新推动下的经济复苏与发展仍然可以带动人类财富的整体增长。

第三节 财富在当代世界政治中的角色

财富在各国政治和国际关系中，可以说是无所不在、无孔不入。这里只能挑选几个主要方面，论述财富在当代世界政治中所起的作用。

从积极方面看，在全球化浪潮下，各国经济相互依存，以金融形式存在的财富在全球范围流动，大大降低了富国之间、富国和参与全球化的发展中大国之间发生战争的可能性。一份研究报告提出：经济上相互贸易的水平越高，国家之间发生战争的概率就越低，国家之间的高度相互依存，可以劝阻它们进行战争。[41] 2023 年，日本在美国的直接投资为 6 880.5 亿美元，[42] 相当于每个日本人一年内在美国投资了 5 526 美元。如果今天日本再一次偷袭珍珠港，那么炸掉的很大一部分将是日本自己的资产。两次世界大战中，德国和法国都围绕阿尔萨斯-洛林地区的煤炭和钢铁展开激烈争夺。二战后德法等欧洲国家组建了欧洲煤钢共同体，历史上法国和德国这一对宿敌冰释前嫌，战争变得不可想象。

美国国际政治学者格雷厄姆·艾利森近年来反复讲述他所称的“修昔底德陷阱”，即美国和中国可能像古希腊的雅典和斯巴达两国一样，因战略上的相互猜忌而导致不可避免的战争。[43] 中美两国也有不少人相信“中美必有一战”。作为世界上拥有最多财富的两个国家，中美发生战争将可能是人类有史以来最大的灾难。

双边经贸交往曾经是中美关系的“压舱石”和“减震器”。但是，因中美政治关系恶化和新冠疫情等原因，中美经贸关系和双向投资近年来遇到了障碍。然而，中美两国经济仍然保持着密不可分的关系。按照美国方面的统计，2022 年中美两国的商品和服务贸易总额估计为 7 584 亿美元。2022 年美国对中国的外国直接投资为 1 261 亿美元，比 2021 年增长 9%。2022 年中国对美国的外国直接投资为 287 亿美元，比 2021 年下降 7.2%。[44] 中美经济交往给两国人民带来了巨大的利益和财富，大大降低了两国之间的战争风险。中美之间即使出现更为严重的经贸摩擦，也很难想象可以用战争的方式来解决。

相比之下，美国和俄罗斯作为当今世界两个大国，2022 年的双边贸易额只有区区 202 亿美元，相当于当年中美贸易额的 1/38。美国之所以敢在俄乌冲突中严厉制裁俄罗斯，两国经常恶语相向，时而甚至剑拔弩张，双方经贸关系过于薄弱是原因之一。

经济的发展和财富的增加，也降低了暴力革命和国内战争的可能性。1917 年，列宁领导布尔什维克发动俄国十月革命，首先要解决的是工人的“面包”问题。但是在当今世界，通过武装革命去解决劳苦大众温饱问题的基本条件和动机不复存在。同 19 世纪恩格斯在《英国工人阶级状况》中所描述的悲惨生活相比，今日欧洲劳动者的生活水平和福利待遇已不可同日而语。当然，在阐释资本主义发展规律方面，马克思主义仍然具有强大的生命力。

必须指出，对世界上许多人来说，衣食住行的最低生活需求问题还远远没有解决。2010 年 12 月 17 日，在非洲北部的突尼斯，26 岁的年轻人穆罕默德·布瓦吉吉因经济不景气而无法找到工作，在家庭经济负担的重压下，无奈做起小贩。其间，布瓦吉吉遭受当地警察的粗暴对待，抗议自焚，不治身亡。这位青年博得了突尼斯普通大众的同情，也激起了突尼斯人长期以来对失业率高涨、物价上涨以及政府腐败的怒火。愤怒的当地居民与突尼斯国民警卫队发生冲突，随后冲突蔓延至全国许多地区，形成全国范围内的大规模社会骚乱，并造成多人伤亡。其他若干阿拉伯国家，包括阿尔及利亚、埃及、利比亚、叙利亚，具有同突尼斯类似的文化、社会、政治背景，突尼斯的动乱成为导火索，激发了这些阿拉伯国家的抗议活动，这就是 2011 年的所谓“阿拉伯之春”政治运动的由来。

阿拉伯世界的一连串社会动乱，还有近年来世界其他地区的政治动荡，多同物质短缺、贫困失业有关，但更重要的原因在政治领域，特别是收入分配领域。现在全世界的食品、服装和其他生活必需品的生产能力大于人类的需求，还有大量的剩余产能尚待消化。但几十年来，大规模的饥荒还不时发生。于 2023 年 7 月发布的《世界粮食安全和营养状况》报告显示，目前全球约有 7.35 亿饥饿人口，高于 2019 年的 6.13 亿。这项由联合国粮食及农业组织、联合国世界粮食计划署等五家联合国专门机构发布的权威报告指出，2019 年以来，新冠疫情延宕反复，气候变化和俄乌冲突等动荡频发，全球新增饥饿人口超过 1.22 亿。全世界有 24 亿人无法持续获得食物，约占全球人口的 29.6%，其中约有 9 亿人处于重度粮食不安全状况。[45] 南苏丹、索马里、也门、尼日利亚、伊拉克、叙利亚、马拉维、津巴布韦等需要大量粮食援助的国家，基本上都处于内战和政治动荡之中。

在一些发展中国家，统治者的腐败和专断是人民生活贫困和社会动乱频发的主要原因之一。当代一些发展中国家的领导人，如菲律宾的费迪南德·马科斯（2022 年就任菲律宾总统的马科斯之父）、印度尼西亚的苏哈托、埃及的穆巴拉克、突尼斯的本·阿里、利比亚的卡扎菲等，都是在长期垄断专权、贪污腐败的丑闻中下台的。他们滥用政治权力，肆无忌惮地为自己和家族、亲友谋取大量国家财富。金钱渗入政治，操纵政治，是侵害许多发展中国家的毒瘤。

孟加拉国在 1971 年获得独立以后，无论掌权的是政党还是军事统治者，领导阶层高度个人化的基本特征保持不变。政党冲突与家族政治相纠葛，形成了二元对抗的政治格局。统治孟加拉国政坛的曾经是两个家族集团：一个是前“国父”、第一任总统谢赫·穆吉布·拉赫曼之女谢赫·哈西娜领导的人民联盟，另一个是前军人总统齐亚·拉赫曼遗孀卡莉达·齐亚领导的民族主义党。2024 年 1 月，哈西娜在一次充满争议的全国选举后，第五次出任总理。卡莉达·齐亚卸任总理后遭到压制，2018 年在一起腐败案中被特别法庭判刑 5 年，该国高等法院随后将刑期增加到 10 年。两位女士形成了二元寡头政治格局，两大势力谁也制服不了谁。一派上台，就以清除另一派的腐败为由，把对方头面人物抓进监狱。2024 年夏天，孟加拉国发生动乱，哈西娜辞职并前往印度，卡莉达被临时政府释放，该国政局依然混乱。

据亚洲开发银行统计，在孟加拉国的 1.71 亿人口中，20.5%（约 3 500 万人）生活在贫困线以下。2021 年，在孟加拉国出生的平均每 1 000 名儿童中，有 27 名 5 岁之前就夭折了。[46] 近十几年，孟加拉国的经济虽然保持较快增长，但普通民众并未分享经济发展的红利，贫富差距越来越大，社会矛盾日益尖锐。经济上的悲惨状况，再加上缺乏法治和严重腐败，穷人被剥削和被压迫感更为强烈。

贫穷通常是极端主义滋生的土壤。孟加拉国一直是作为一个世俗、温和的伊斯兰国家出现在世人面前。但近年来信奉伊斯兰教的虔诚的贫苦大众被“圣战者大会党”之类的极端组织“唤醒”，并受到来自海外极端势力的支持和操控。某些中东国家的宗教极端组织通过所谓“慈善基金会”等机构，直接为孟加拉国境内的武装组织提供资金。

像孟加拉国这样一种政治经济状况，在不同程度上、以不同形式在许多国家存在。政党竞争、议会政治都只是做做样子，贿选和作弊在选举中司空见惯。在贫穷落后而又钱权交易盛行的国家，“勤劳致富”之路很难行得通，于是“那里能干的年轻人如想发财致富，与其开创自己的生意，不如进入政治，组织民兵，或以其他方式来攫取资源财富”[47]。

一些腐败的统治者在盘剥本国人民的财富、侵吞国家资产的过程中，将相当一部分非法所得变卖并换成黄金、不动产或美元、欧元等硬通货，转移到欧美发达国家。这些资产汇合起来，是巨额的财富，进一步加剧了世界财富分布的失衡。

西方国家的金钱政治，在资本主义早期也采取了赤裸裸的方式。政客用金钱拉拢选民，当选后再利用职权去贪污、敛钱，这是最常见的行为。以 19 世纪的美国为例，按照福山的说法：“政客动员选民去投票，所用方法是个体化福利的承诺，有时是小恩小惠或现金，大多数是联邦、州和市一级的政府工作。但分配庇护式好处有巨大的溢出效应，即官员的腐败。政治老板和国会成员，可利用自己控制的资源中饱私囊。”[48]

这种腐败的历史形式，在很大程度上已经在西方国家告终。经过长期治理，发达国家逐渐走出腐败高发期，建立起比较完善的权力制约和监督体系。西方发达国家制定的防止政府官员腐败的规则很严格，甚至看起来非常烦琐，使有“升官发财”欲望的人望而却步。尽管如此，腐败的恶性案件仍时有发生，如法国前总统雅克·希拉克、以色列前总理埃胡德·奥尔默特等多名政坛高官因贪腐被判刑或起诉。

金钱操纵政治的问题，在今日西方以更加隐蔽的形式延续。特别是政治献金、游说交易、智库人员和政府官员之间“旋转门”等体制性腐败，在合法外衣的庇护下，仍然大行其道。福山提到，华盛顿的利益集团和游说集团，从1971年的175家，增加到10年后的2 500家；到2013年，在华盛顿注册的说客高达12 000多人，花费超过32亿美元。这些游说活动当然不是在吃闲饭，也并非意在影响选举。它对公共政策的影响表现在制定税法等领域，或者企图阻止不利于自己的政策法令出台。例如，通过影响税法，说客可以帮助企业获得特殊的豁免或其他好处。[49]

财富对国际政治的影响，首先表现在国家可以将财富作为政策手段，影响其他国家的外交政策，促进本国利益。经济手段可以分为正向和反向，“对外援助是争取他国支持的工具，而经济制裁则是惩罚他国行为的手段”。美国在二战结束后实施“马歇尔计划”，对欧洲进行经济援助，一方面扩大了美国商品的欧洲市场，另一方面通过援助把握了欧洲的政治和外交方向，在同苏联争霸中处于有利地位。

利用经济制裁作为国际政治斗争的手段由来已久。财政、金融、贸易、海运、航空等领域的制裁均属于经济制裁，常见的方式包括贸易禁运、中断经济合作、切断经济或技术援助等。国际制裁的实例包括联合国安全理事会对朝鲜不断进行核武器试验和洲际导弹发射所进行的制裁。2017年8月5日，联合国安理会通过对朝鲜的第 7 轮制裁措施，使朝鲜每年减少至少 10 亿美元的外汇收入，约占其外汇收入的 1/3。

2022 年 2 月俄乌冲突爆发后，美国等西方国家对俄罗斯进行了全面制裁。金融方面的制裁包括冻结俄罗斯的海外资产，切断俄罗斯金融机构与国际金融系统的联系，禁止美国公民与俄罗斯金融机构进行交易，限制俄罗斯使用美元、欧元、英镑和日元进行国际交易的能力。贸易和技术方面的制裁包括限制对俄罗斯的出口，特别是高新技术产品，如半导体、计算机、电信设备、激光器、传感器等；禁止向俄罗斯出售、供应、转移和出口具有双重用途的产品，如某些合金、加密技术和特殊材料。

2011 年日本福岛经历地震和海啸之后，福岛核电站发生泄露，导致大量的核污水产生。2023 年，日本决定将核泄漏储存的核污水排入海洋。中国认为日本排放核污水会对人类健康产生潜在危害，中国作为邻国是受害方，因此对日本这一行为表示强烈不满，并采取了相应的反制措施。2023 年 8 月，中国海关总署宣布全面暂停进口来自日本的水产品。

某个国家或某些国家对一个国家进行惩罚性经济制裁，其国际法依据、政治动机和实际效果，在国际社会和国际舆论中一直存在很大争议。

财富在国际政治领域的最大作用，当属国家之间的财力竞争及其背后的综合实力博弈。英国历史学者保罗 · 肯尼迪分析了 1500—2000 年先后称霸世界的诸大国的经济变迁，以及这些变迁和大国间军事冲突的联系。他得出的结论是：从长远来看，在每个大国经济的兴衰与其作为一个世界性帝国的兴衰之间，有一种显而易见的联系，即优势总是属于那些有更强的物质创造能力的国家，而技术上的突破与组织形式上的变革是物质创造的基础。[50]

当今世界大国之间的合作和竞争，更多是围绕着二十国集团（G20）、七国集团（G7）、金砖国家（BRICS）等国际机制所讨论的经济问题而展开。2016 年英国通过公投决定脱离欧盟，是因为许多英国人认为欧盟政策妨碍了英国行使其经济主权，损害了英国的经济利益。唐纳德·特朗普 2016 年凭借“使美国再次伟大”的口号当选美国总统，上任后奉行经济民族主义政策，加大了大国之间实力竞争的力度。拜登政府努力全面提高美国的经济和技术竞争力以制约中国国力的上升，同时拉拢盟友，扩大对华竞争的国际基础。2023 年 4 月，欧盟委员会发布《2022 年竞争政策报告》，以图通过竞争政策的执行促进欧盟经济的数字化转型和绿色转型。印度近年来加快经济改革步伐，推动“大国梦”的实现。这些动向都说明，财富作为世界政治和大国博弈的原始动力越来越强大。

实现国家繁荣富强，是中国共产党创始人和新中国几代领导人的不懈追求。在社会主义核心价值观的 24 字方针中，“富强”排在首位。富强即国富民强，是社会主义现代化国家经济建设的应然状态，也是国家繁荣昌盛、人民幸福安康的物质基础。曾经有一段时间，中国奉行“以阶级斗争为纲”的政治路线，从国家到个人都讳言“发财”。改革开放之后，中国调整到以经济建设为中心的路线上来，邓小平强调：“贫穷不是社会主义，社会主义要消灭贫穷。”[51]邓小平提出的“三步走”战略，是用经济发展水平来衡量的，即第一步，从 1981 年到 1990 年，国民生产总值翻一番，实现温饱；第二步，从 1991 年到 20 世纪末，再翻一番，达到小康；第三步，到 21 世纪中叶，再翻两番，达到中等发达国家水平。[52] 2021 年 3 月，中国发布了“十四五”规划和 2035 年远景目标纲要，对 2035 年中国发展的目标任务提出了新的更高要求，即经济实力、科技实力、综合国力大幅跃升，经济总量和城乡居民人均收入将再迈上新的大台阶，人均国内生产总值达到中等发达国家水平。[53] 由此可见，实现中国的国家发展目标，首先要达到的是国内生产总值、城乡居民人均收入等经济指标。当然，要建成富强民主文明和谐美丽的社会主义现代化强国，仅仅达到财富方面的指标是不够的。

第五章

信　仰

第一节　信仰的种类

将“信仰”列为世界政治的终极目标之一，会引起一些中国人的不解或不赞成。有人说，政治的本质是争权夺利，同信仰有什么关系？还有人说，根据本书所采用的“政治是对稀缺资源的权威性分配”的定义，信仰不是政治的一部分。我的回答是：信仰恰恰是一种资源，而且往往是政治生活中各派力量都要争夺的一种精神资源。中国的政治教科书经常表达的一个观点是，境内外敌对势力企图用资产阶级思想和生活方式腐蚀我们的党员干部，使他们丧失共产主义理想。研读习近平总书记系列重要讲话不难发现，讲话自始至终贯穿着坚定信仰理念这一主题。《中国共产党章程》明确指出：“党的最高理想和最终目标是实现共产主义。”中国共产党一贯强调共产主义信仰作为党的指导思想和长远目标的重要意义。因此，将信仰列为政治的一项终极目标，应当是无可置疑的。

信仰是对某种理论或概念的坚定认同、信服、尊敬、崇拜。信仰建立在人的主观意识——而未必是客观事实——之上。任何有意识能力的人都可以拥有信仰，使之成为自己的精神寄托和行动指南。人类的信仰可以大致分为三类。第一类是政治信仰，也可以称为意识形态信仰；第二类是宗教信仰；第三类是民族信仰，在一定程度上也可以视为文化信仰。这三类信仰之间，往往出现部分重叠和交叉。还有人把宗教和民族主义统统归到意识形态范畴之内。

政治信仰

政治信仰和意识形态信仰一般是合一的，都想改造、建立和维护某种政治制度。马克思主义、共产主义、自由主义、保守主义、无政府主义、种族主义、民族主义、法西斯主义等，都属于政治（意识形态）信仰的范畴。从 19 世纪末、20 世纪初至今，世界上最具影响力、最被清楚界定的政治信仰是共产主义。它以马克思和恩格斯创立的学说为基础，由列宁、斯大林等布尔什维克以及毛泽东等中国共产党人成功地运用于革命和实践。

共产主义信仰是一种学说。它在解释自然界、人类社会和思维发展规律的基础上，揭示了资本主义生产方式的固有矛盾，证明了资本主义必然灭亡、共产主义必然胜利这一历史发展趋势，指出了无产阶级解放运动的性质、条件和在全世界建立共产主义制度的美好前景。共产主义信仰体现着无产阶级革命领袖的向往和追求，是无产阶级革命者的精神支柱。确立了共产主义信仰，就要把在全人类实现共产主义作为终生奋斗的理想；就要用共产主义思想体系观察世界、观察社会、观察人生；就要用共产主义道德原则和规范来处理个人与社会、集体与他人的关系。共产主义思想主张最终消灭私有产权，建立一个各尽所能、按需分配的制度，以及一个没有货币、阶级、政党、政府、国家的社会。中共二十大通过的《中国共产党章程》（中国共产党第二十次全国代表大会部分修改，2022 年 10 月 22 日通过）指出：“中国共产党人追求的共产主义最高理想，只有在社会主义社会充分发展和高度发达的基础上才能实现。社会主义制度的发展和完善是一个长期的历史过程。”

共产主义信仰是全球性的。冷战结束，标志着国际共产主义运动进入低潮。但除了中国以外，越南、老挝、古巴还是信仰共产主义的社会主义国家，俄罗斯联邦共产党和其他一些共产党仍然在为共产主义理想而奋斗。作为共产主义信仰的标志，中国共产党的党徽为镰刀和锤头组成的图案，同苏联共产党和其他一些共产党的党徽有一些细微的差别。

国内许多人都以为，朝鲜是一个社会主义国家，以马克思列宁主义为指导思想，同中国一样信仰共产主义。这可能是一个有争议的认识。今天朝鲜的政治信仰是世界上独一无二的：朝鲜劳动党的指导思想是“主体思想”，倡导“先军政治”。2012 年 4 月 11 日通过的《朝鲜劳动党章程》修正案，写明朝鲜劳动党“以金日成-金正日主义为唯一的指导思想，坚持将全社会的金日成-金正日主义化作为党的最高纲领，在金正恩同志的领导下为金日成同志和金正日同志的事业、主体革命事业的胜利进行斗争”。原南京军区副司令员王洪光中将于 2014 年发表的一篇文章尖锐地评论道：“朝鲜早就放弃了以马克思列宁主义作为建党的指导思想，在意识形态上与中国没有任何相同之处，并不是真正的无产阶级政党和社会主义国家。朝鲜在 1972 年宪法中还规定：‘把马克思列宁主义创造性地运用于我国现实的朝鲜劳动党的主体思想，作为自己活动的方针’，但到1980年朝鲜劳动党第六次代表大会，就把‘金日成同志的革命思想、主体思想作为唯一的指导方针’，‘领袖是赋予人民生命的恩人和慈父’，这时朝鲜已放弃了马克思列宁主义。2013年朝鲜劳动党在建党《十大原则》（其地位高于党章和宪法）中，明确在主体思想指引下，‘应深化树立党的唯一领导体制事业，并世代延续’，并规定‘应将党和革命的血脉——白头山血统（金氏血统）永远延续下去并坚决保持其绝对的纯洁性’。这里有一点马克思主义的味道没有？”[1]无论对朝鲜的政治制度和意识形态做出何种评价，这个国家不再信仰共产主义，而只信仰金日成创立的“主体思想”，是没有疑问的。一个有意思的细节是，朝鲜劳动党的党徽同苏共、中共的党徽设计差别很大，体现了“主体思想”的中心地位。

20世纪以来在世界上有一定影响力的意识形态中，可以作为政治信仰来讨论的，主要有法西斯主义和自由主义。

法西斯主义是一战后出现的鼓吹种族主义、专制和扩张的政治理论、运动和政权形式，最先由意大利的墨索里尼提出。“法西斯”一词源于拉丁文，原指捆在一起的棒子，象征群众围绕着领袖形成一种无坚不摧的力量。法西斯主义否定资产阶级民主，奉行国家利益至上、民族利益至上、领袖的意志至上，融种族主义历史观和专制哲学于一体，既反对共产主义思想，也反对资产阶级民主思想，主张建立以领袖的意志为中心的强大帝国，实行扩张政策和战争政策。

“法西斯”一词有时被泛化，用以称呼后来出现的军国主义国家或独裁政权，如东条英机时期的日本帝国、弗朗西斯科·佛朗哥时期的西班牙等。其实，真正信奉过法西斯主义的代表性国家只有两个，一个是墨索里尼统治下的意大利，另一个是希特勒领导下的纳粹[2]德国。一般认为，纳粹主义是法西斯主义衍生的一个分支。纳粹主义意识形态的精神是“属于德意志民族的”，而不具备普世价值。

作为一种信仰，纳粹主义的基本理论，首先是“种族优秀论”，认为德国“优等种族”有权奴役甚至消灭犹太人等“劣等种族”；其次，纳粹主义宣称作为“领袖”的阿道夫·希特勒是国家整体意志的代表，国家权力应由其一人掌握；最后，纳粹鼓吹社会达尔文主义，力主以战争为手段夺取生存空间，建立世界霸权。纳粹既反对共产主义思想体系和社会主义制度，也反对资产阶级民主和自由主义。

纳粹主义与法西斯主义的主要区别在于，纳粹主义强调以牺牲其他所有种族来达成德意志民族的繁荣，而墨索里尼的法西斯主义则认为国家无须为某些特定的种族服务。法西斯主义的政治目标是将国家的地位置于所有其他事物之上，可以说是一种强调中央集权至上的理论。而纳粹主义除强调极权之外，还强调德意志“民族”及其“民族共同体”至上。正因为如此，纳粹主义的局限很大，但为它“量身定做”的手势、标识、制服等“外壳”有时被当代人借用；其法西斯主义的核心，即种族主义、社会达尔文主义、对独裁者的神化，才是更值得警惕的。

自由主义作为一种政治信仰体系，既没有一个国家可以充当其信奉者所普遍认可的“模板”，也没有公认的“领袖人物”。关于自由主义的详细论述，参见本书第七章第三节，在此不赘述。

宗教信仰

宗教信仰是世界上最常见的信仰。恩格斯指出，“影响群众的首要的精神手段依然是宗教”[3]。美国作家尼古拉斯·韦德在其著作《信仰的本能》中提到，5 万年前，也许更为久远——在有智人的时候，就有了宗教，宗教信仰的本能被印刻在人的本性之中。在人类早期社会中，宗教起到了法律和政府的作用，成为团结一个教区或整个文明的中枢。即便在现代社会，尽管世俗体制的兴起取代了宗教的许多古老的角色，宗教信仰依然有助于加强社会的结构。[4]

关于世界上信教人口占总人口的比例的统计众说纷纭，最低的统计值是 59%，最高的达 85%。一份统计资料显示，2005 年，全世界的宗教信徒约 54.52 亿，占当时总人口（64.9 亿）的 84%。其中，基督教（包括天主教、新教、东正教）教徒约 21 亿，约占世界总人口的 32%；穆斯林约 15 亿，约占总人口的 23%；印度教徒 9 亿，约占总人口的 14%；佛教徒约 3.76 亿，约占总人口的 6%。这四大传统宗教的信徒总人数占当时世界信教总人数的 88% 以上。[5] 另外，根据中国研究者 2008 年的一项统计，全世界信教人口已达 50 亿人，占世界人口总数的 85%。其中基督教徒 22 亿人，占世界总人口的 1/3；穆斯林约 13 亿人，占世界总人口的 1/5；佛教徒 3 亿多人，其影响亦日益壮大。[6] 这两项统计的结果相当接近。中国大陆信教人口所占比例是 11% ～14%，但是不同说法也很多。当然，什么叫

“信教”，是很难定义的。有人自称信教，却很少参加宗教活动；有人又因种种原因隐瞒或否认自己信教并参加宗教活动的事实。

我认为，关于世界信教人口的上述两项统计，都有夸大信教者人数之嫌。这两项统计显然把未成年人都包括进去了。欧洲原先是基督教的发源地，政教合一的罗马帝国文化遗产影响深远，今日欧洲却成为除东亚以外世界上世俗化程度最高的地区。根据 2010 年的一项盖洛普调查，欧盟国家中只有 51% 的人口承认上帝（或真主）的存在，26% 的人认为有某种“神灵”存在，20% 的人否认上帝或神灵的存在。其中捷克、爱沙尼亚、瑞典、英国、德国东部、法国等地世俗化程度最高，只有不到 30% 的人认为宗教对自己的生活是重要的。认为“宗教对自己的生活重要”的人，集中在意大利、葡萄牙、波兰（以天主教为主）以及罗马尼亚（以东正教为主）等国。最笃信宗教的人群之一，居住在原属南斯拉夫的科索沃地区，该地区有 90% 以上的人信仰伊斯兰教。[7]

宗教信仰是超验的，其笃信的激情与尊崇的内容未必是理性认识和感性经验的积累。宗教信仰对政治的影响程度有一个变化的过程。在人类历史早期，曾经历过神权政治，宗教处在政治的核心地位。后来一些宗教势力力图摆脱尘世，与政治分道扬镳。近代欧洲启蒙运动之后，宗教的地位下降，社会展现出一个世俗化的过程。19 世纪德国哲学家弗里德里希·威廉·尼采猛烈地揭露和批判传统的基督教道德。他指出，欧洲人近两千年的精神生活是以信仰上帝为核心的，人只是上帝的创造物、附属物。尼采对此表示强烈不满，他的一句名言“上帝死了”，是对上帝无情无畏的批判。尼采认为，基督教从被压迫者的宗教，转化为统治者压迫者的宗教，它的衰落是历史的必然。

19 世纪末、20 世纪初的德国社会学家马克斯·韦伯研究了西方社会的理性化过程。韦伯认为这一过程的核心就是“祛魅”（disenchantment），即运用科学的方法剥去迷罩在人类社会现象上的神化或魔化的种种光环。后来韦伯注意到，在中国、印度等非西方地区，同样存在理性化形态。这一时期，许多人相信“科学和理性可以解决所有问题”，“科学技术促使人类进步”的思想风靡全球，宗教一度堕入了冷漠、疏离状态。在 20 世纪绝大部分时间的政治领域里，战争、革命、民族解放、冷战、意识形态斗争等成为主题词，而宗教因素在民族国家体系中似乎被不断地边缘化。直至美国政治学者亨廷顿 1993 年提出“文明冲突论”，以及 1999 年发生的科索沃战争，才使更多的国际政治研究者重新关注宗教的影响。

进入 21 世纪的第一年，人们意外迎来了一个宗教的警醒。2001 年 9 月 11 日，美国纽约世界贸易中心的轰然倒塌，让人们看到宗教极端势力的疯狂。同时，除了西欧以外，世界各地的人们纷纷回头到宗教信仰中寻求慰藉、指导和认同。如同亨廷顿在其著作中所引用的话，到处可见“上帝的复仇”[8]。哈佛大学韦瑟黑德国际问题研究中心 2003 年 8 月发表了一项报告，对 20 世纪后期全球宗教状况进行了详尽的定量分析，明确指出：“拥有世界大部分人口的多数国家都处于宗教复兴之中。这一复兴最强有力地涉及东欧前共产党国家、中亚、高加索地区，还有拉丁美洲、中东、非洲、中国和东南亚……”[9] 全球宗教复兴的表现，一方面是宗教组织和信徒在数量上的增长，另一方面是宗教在政治公共领域地位的凸显，即宗教政治化，宗教从隐性走向世界政治舞台的台前，并呈现跨国界现象。

近十几年来，世界宗教的发展趋势是：发达国家的信教人口所占比例下降，发展中国家的信教人口所占比例上升。美国信仰基督新教和天主教的人口所占比例高于欧洲。由于基督教在发展中国家的传播，信仰基督教的非白人比例可能很快将超过白人。据说韩国的基督教徒占到总人口的30%，高于传统影响很深的佛教，韩国的海外传教士人数仅次于美国（韩国的近邻日本，却没有类似趋势）。伊斯兰教在撒哈拉以南非洲的传播十分成功。天主教近年来在拉丁美洲传播得很广。[10]

中国宗教研究者加润国2015年发表的研究成果显示："当前国际宗教形势的基本特征是：世俗化进程加速发展，原教旨主义异军突起，宗教极端主义恶性膨胀，宗教的网络化势不可当，宗教非政府组织日益活跃。当前国际宗教形势的地区特征是：欧洲世俗化加速、'恐伊症'凸显，美国新无神论崛起、基督教新右翼过气，俄罗斯东正教复兴、伊斯兰教发展，拉美天主教强大、新教徒增长，非洲传统宗教衰落、基督教和伊斯兰教争锋，中东激进势力上升、宗教矛盾突出，中亚'三股势力'抬头、挑战世俗政权的治理能力，南亚印度教势力上升、宗教冲突加剧，东南亚南传佛教活跃化、伊斯兰教板块化，东亚宗教民族主义崛起、海外传教强劲。"[11]这应是关于世界宗教发展趋势的一个比较全面的概括。

自古以来，世界上一直存在种类庞杂的邪教（英文为cult或pseudo religion）。同主要宗教相比，每种邪教的信众并不多，存在时间也不长，但其腐蚀灵魂的危害不小。邪教组织假借传播宗教或科学、医学，号称拯救人类，掩盖其对信徒的精神控制和经济盘剥。它们通常有一个自称具有超自然力量的教主，以秘密结社的组织形式控制信众，获取他们无条件效忠和服从，并使他们放弃其他社会认同和共同价值，从而对社会凝聚力、公共安全、个人自由、身心健康、教育等造成危害。

民族信仰

民族概念和民族主义问题十分复杂。[12] 美国学者安德森认为，民族是一个想象出来的政治意义上的共同体，它不是许多客观社会现实的集合，而是一种被想象的创造物；不是民族产生了民族主义，而是民族主义创造了民族。[13] 这里所说的民族信仰，泛指对本族群、民族占据主导地位的国家的认同、尊崇和忠诚。所谓“非我族类，其心必异”的认知，在中国的春秋战国时代就已经出现，在其他民族的历史叙事中也充满了类似的意识。

个人的自尊、自爱、自强、自保，以及各种自我意识，扩大到血亲、乡土、族群、国家，就产生了民族意识。同一种肤色和相近的相貌所形成的生物特征，即种族；同一种语言和相近的生活习性所形成的社会特征，即文化。与相同种族、相同文化的人相对亲近，以至联姻，与不同种族、不同文化的人相对疏远，以至敌对，是人类历史的常态。

如果将民族主义视为一种意识形态，那么它比其他任何意识形态都更为持久、更为强大。同其他政治信仰和多数宗教信仰不同的是，民族信仰只限于对本民族及其文化的信仰，于是各个民族信仰之间是不同或冲突的。人口众多、历史悠久、文化遗产丰厚的民族，其民族信仰更为强烈。

对于大多数国民不信奉宗教的中国来说，民族信仰需要同文化传统相一致，其特点之一是对国家统一的恒久追求。这一特点在本书第二章里讨论过，不在此重复。“儒释道”是对中国人文化信仰的一个概括。“儒”指孔子开创的学派；“释”指古印度释迦牟尼创立的佛教；“道”指依据老子《道德经》演变而来的中国本土宗教。

美国虽然只有 200 多年的历史，但自称形成了“美利坚民族”（the American nation）。它的民族信仰即“美国信条”和美国主流价值观，其最重要的内容是个人自由，由此引申出对民主、法治的崇尚。美国信条从基督教信仰引申出自己是“山巅之城”“上帝选民”，有通过推进自由价值观来“领导世界”的责任。但是，20 世纪 60 年代以来，美国人口、族群、宗教的构成日益复杂，在民权运动的推动下，又发展出对“多元文化”的信奉。[14] 近年来，右翼保守势力回潮，白人种族主义上升，给美国的民族信仰注入了新的不稳定因素。

俄罗斯的民族信仰同斯拉夫主义相关联，也同东正教相关联，一方面强调俄罗斯同欧洲的联系，另一方面强调俄罗斯有别于西方的独特历史定位。俄罗斯人相信其民族文化的优越性，怀有某种“上帝选民”的救世主意识，要求维系一个领土辽阔、令人敬畏的中央集权国家。近现代俄罗斯思想家对本民族的特殊使命、特殊发展道路有许多深刻著述，其影响延续至今。[15]

从表面上看，日本没有一个对自己民族顶礼膜拜的信仰，但日本有一个独具特色的文化传统。日本民族是一个勇于和善于吸收外来文化的民族，其文化是通过吸收、选择、融合外来文化（包括古代中国文化、近代欧洲文化、当代美国文化），才得以形成的混合文化或曰“杂文化”，日本人自古以来信仰多神论，认为世上万物皆有神。当代日本人往往在婴儿出生和人生喜庆时以本土的神道教仪式庆贺，不幸之事采用佛教仪式袪除，举行结婚仪式去基督教堂。但日本人又不失其传统的、保守的主体文化，比如几乎原封不动地传承了茶道、相扑、歌伎等传统文化形式。这种多元化的思维方式给日本文化带来了极大的融合性和实用性，但又不失其独立性。

世界上多数中小国家（例如丹麦、科威特、哥斯达黎加）都不具有特色强烈的民族文化信仰，但以色列是个例外。以色列是一个以犹太民族为主体的国家。犹太教是世界上最古老的一神教之一，也是犹太民族的生活方式及信仰。同基督教、伊斯兰教、佛教等不同的是，犹太人不欢迎外族信仰犹太教，不主动到外族人中传教，坚持皈依犹太教者必须通过考验才可以入门。以色列没有从法律上规定犹太教为国教，而且现在以色列公民中有 20% 左右是阿拉伯人（其中以巴勒斯坦人为主），但以色列以犹太人为基础立国，而以犹太教为民族信仰的国家在世界上只有一个。以色列又是中东地区唯一采用多党制的西方式民主国家。在文化意义上，以色列和日本一样，十分执着于自己的传统，尽管保守的正统犹太教徒在以色列并不占多数。

值得关注的是，2018 年 7 月，以色列议会通过了《犹太民族国家法案》。这部以色列国家基本法首次规定，“以色列是犹太人的民族国家，犹太民族专享以色列的自决权”。一些专家认为，对于以色列境内的非犹太人群体来说，该法案的通过，意味着种族主义在以色列的合法化，非犹太族裔作为这个国家的少数族群，在法案通过后事实上降格为“二等公民”。[16]以色列的内塔尼亚胡右翼政府的国内政策，致力于保障犹太人的诸多权利，如犹太人在以色列的“自决权”，支持在巴勒斯坦地区设立更多的犹太人定居点，等等。以色列的政治右倾趋势，是2023年巴以冲突再次爆发的重要背景。

第二节　信仰的政治功能

当代世界的政治家、政治团体、政党、国家，无不打出信仰的旗帜，作为其奋斗的终极目标。特朗普在2015—2016年竞选总统期间竭力将恢复基督教传统信仰和“使美国再次伟大”的民族信仰结合起来，以号召选民。[17]美国战略家基辛格描述的“伊斯兰国”等激进势力，相信自己有义务去发动改造世界的“圣战”，使之成为大一统的伊斯兰天下。“圣洁，而不是稳定，才是这一世界秩序观念的指导原则。”[18]有人说，许多政治势力和人物只是将他们宣称的信仰作为获取权力和利益的工具，而非真正的目标。事实的确如此。不过，宗教极端势力和西方政客等之所以能蛊惑煽动信徒或选民，还是因为他们宣扬的信仰代表了信徒或选民的愿望和所追求的理想。

除了作为终极目标之外，信仰还有其他一些政治功能。

第一，信仰建立在道德基础上，并具有道德感召力和社会约束力。

无论哪一类信仰，都代表了其信奉者的善恶标准和行为准则，具有强大的道德感召力。共产党人谴责阶级剥削和压迫，号召劳苦大众做自己的主人。马克思列宁主义的巨大感召力，充分表现在 1917 年俄国十月革命的胜利上。

世界三大宗教——基督教、伊斯兰教、佛教，都宣扬其教义扬善抑恶、爱好和平、倡导道德高尚、主张自由平等公正宽容、凝聚社会团结、推动不同种族和民族相互融合、引领人类进步。在世界上大多数人群中，说自己“没有任何信仰”，就相当于说自己没有道德底线。民族文化的信仰者相信本民族的先知、圣人是道德楷模，本民族的精练文化读本、音乐、美术作品使人们获得精神上的升华。信仰提供了道德准绳、行为方式、终极关怀。

西方许多人认为，宗教（主要指基督教）有利于提升人们的道德水平。美国历史学者杜兰特说，虽然在基督教统治下的欧洲中世纪，不道德行为横行，“但是，如果没有基督教的伦理、牧师的谆谆劝诫、圣人的以身作则，以及使人宁静、统一的宗教仪式来维护人心，可能五百年间因为蛮族入侵、战乱、经济萧条和政治混乱所催生的道德失衡，将会更加严重”。他还说，“在我们这个时代以前的历史中，还找不到一个显著的例子说明，在没有宗教的帮助下，一个社会的道德生活也能成功地维持。法国、美国和其他一些国家，已经使他们的政府脱离了教会，但是他们仍旧需要宗教在维持社会秩序方面给予帮助”。[19] 美国国际政治学者罗尔克认为，宗教往往被看作世界政治动荡不安的根源，但是宗教在本质上，无论在过去还是现在，都是和平、人道主义关怀与和平主义的根源。[20]

基督教和佛教的教义在国内传播较多。这里引用一本中国人写的关于伊斯兰教的著述，来说明伊斯兰教义是如何教人从善的："它的宗旨是提倡和平、友爱和创造。它教诲人类相互理解、相互尊重、相互关心、相互友爱，为实现天下和平、全人类的幸福和尊严，做出实际的贡献。""自由是人类的一项自然的权利，精神上的权利，也是一种宗教上的责任。""伊斯兰教义中包含着深厚的人道主义，它肯定人的良心的存在。这个宗教的人道主义的良心，具有不杀生、不仇视、不忌妒、博爱众生等道德观念。""在真主面前，地球上所有的人不分民族、阶级和信仰，在权利和义务方面都是平等的，没有地位高低和尊卑之分。""孝敬父母、尊重老人为万善之首。""要克己忍耐。""要讲中庸之道。"[21]诸如此类，还有很多。上述归纳除了对真主的崇拜以外，看不出伊斯兰教所提倡的价值观同中华民族的传统理念有多大区别。

宗教的社会功能，一是为人生提供意义，二是提供对人类行为的内心约束。在日本，神道教和佛教已成为普通民众的重要精神支柱，并构成日本社会公共道德系统、文化教育体系、社会调控机制的重要组成部分。在日本这样一个市场经济高度发达、社会竞争异常激烈、经济秩序时常动荡的社会里，宗教起到了稳定社会、安定人心的重要作用。日本是世界上社会治安比较好的国家之一，原因是多方面的。宗教道德对社会公德的潜移默化作用是重要因素之一。与此同时，宗教在日本也具有保存、延续和发展民族文化、风俗习惯和巩固社会制度的功能。[22]

第二，信仰是政治认同的基础之一，既有凝聚力，也有内在张力。

“政治认同”指的是人们在社会政治生活中产生的一种感情和意识上的归属感。个人在一定的社会联系中确定自己的身份（identity），并自觉或不自觉地以对这种身份的要求来规范自己的政治行为。政治认同与人们所归属的地域、国家、种族、民族、文化有关，其中信仰起着关键作用。

除了基本上已经被当代国际社会唾弃的种族主义和法西斯主义以外，世界上各种主要信仰的道德准则差别不大，比如对本信仰发自内心的尊崇、诚信、友善、互助、团结等。很多同信仰有关的仪式，如唱圣歌或颂歌、读经、祈祷、宣誓、教化、办学、培训等，从形式上看也大同小异。这些是信仰团体区别于其他社会团体和企业的特殊之处。同时，宗教和其他信仰团体也具有世俗性的一面，即为了维持和进行其活动而拥有和运用财产（比如向信徒募捐），成为经济社会的一部分。它们是神圣性和世俗性相统一、信念和实践相统一的社会体系。这样，信仰团体就不仅拥有效忠于它们的人群，也拥有财富和其他物质利益，成为政治社会的一员。

单纯为信仰而生活、献身的人为数不多。精神信仰同物质利益相结合，能产生巨大的政治能量。利益经过信仰的透镜折射后，可以被扩大无数倍。比如，耶路撒冷对于笃信伊斯兰教、基督教、犹太教的人来说，是无比崇敬、无可替代的圣地，而对其他人来说，只有文明古迹上的意义。钓鱼岛、南海诸岛、中国同不丹边境上的洞朗地区，从开发经济资源的角度来说，并非关系到十几亿人的民生，但通过民族信仰的透镜看，它们是中国的神圣领土，也就具有无比重大的政治意义。

信仰能够凝聚有相同信仰的人、群体和国家，使他们形成政治合力或者政治组织。在共产主义信仰的旗帜下，列宁于 1919 年领导创建了第三国际，又名共产国际。共产国际是一个国际组织，其成员是各国共产党和共产主义组织，任务是团结工人阶级和劳动群众，推翻资本主义和帝国主义统治，确立世界范围的无产阶级专政，建立世界苏维埃社会主义共和国联盟，彻底消灭阶级，实现社会主义和共产主义。共产国际成员最多时拥有包括中国共产党在内的 70 多个国家和地区的共产党组织，召开过 7 次代表大会、13 次执行委员会全体会议。“为了有效地组织反法西斯的斗争”，共产国际于 1943 年 6 月宣告解散。诚然，假如没有俄国共产党（布尔什维克）和苏联的组织力量、经费支持，就不会有共产国际的积极活动，但共同的信仰毕竟是联结该组织不可缺少的纽带。

欧盟之所以能够成为一个其成员让渡部分主权的超国家机构，其成员共同的价值观是思想基础和必要条件。在欧盟委员会的要求下，一个欧洲调查机构于 2012 年就“欧洲人的价值观”做了一份详细的调查报告。该报告发现，当时 27 个欧盟成员[23]中的大部分都认为成员之间价值观的相互接近程度高于它们同非欧盟成员的接近程度。其中较晚加入欧盟的斯洛伐克、波兰、保加利亚、捷克等国公民中，认为欧洲人有共享价值观的比例高于法国、西班牙等“老欧洲”国家。青年人中认同欧洲价值观的比例高于老年人。按认同程度算，欧洲人共享的价值观念依次是人权、尊重人的生命、和平、民主、个人自由、法治、平等、团结、助人、宽容、实现个人目标、尊重其他文化、宗教。欧洲人认为，欧盟体现得最好的价值观，依次为和平、民主、人权、法治、尊重其他文化、团结、助人、尊重人的生命、个人自由、平等、宽容、实现个人目标、宗教。在经济和社会生活方面，大多数欧洲人支持自由竞争，认为政府对个人生活干涉太多。[24]

从上述调查中不难发现，欧洲人的信仰体系既继承了古希腊、古罗马的许多观念，又深受基督教教义的影响。从总体上说，欧洲价值观的基础是现代自由主义。

在当今世界，伊斯兰教徒组织了以共同信仰为基础的若干个大型政治组织，一个不大为人所知的重要事实是，除联合国以外成员最多的国家间组织不是欧盟，而是伊斯兰合作组织（Organisation of Islamic Cooperation，简称 OIC），其前身为伊斯兰会议组织，是联合国常驻机构。该组织现有 57 个成员，分布在亚、非、欧、南美四大洲，覆盖人口约 13 亿。伊斯兰合作组织自称“伊斯兰世界的集体呼声，它致力于在促进国际和平与世界各类人民和谐的精神下，保卫和维护穆斯林世界的利益”。该组织定期举办成员首脑会议、外长会议，设有秘书处及文化、经济、科技等 6 个常设委员会，还有 17 个附属、辅助和专业机构，包括银行和金融机构、商会、大学、论坛等，全部以“伊斯兰”命名，其功能涵盖社会生活的几乎所有领域。[25]

此外，自称“代表全世界所有穆斯林”的，还有伊斯兰世界联盟（The Muslim World League，简称 MWL）。它是一个国际泛伊斯兰非政府组织，在联合国享有非政府性咨询机构的地位。伊斯兰世界联盟“履行向全世界宣传伊斯兰教的义务，阐释伊斯兰教的教义和原则，以驳斥对伊斯兰教的各种歪曲，维护和增进穆斯林少数民族在宗教、教育、文化等方面的权利，协助世界各地穆斯林团体的宣教活动，促进他们的内部团结，支持建立在正义、平等基础上的国际和平、和谐和合作”。该组织提倡颁布统一的伊斯兰教法规，鼓励各国穆斯林严守以《古兰经》为根据的伊斯兰教法，遵守伊斯兰的生活方式，促进建立世界穆斯林共同体。国际上有人怀疑伊斯兰世界联盟有极端主义倾向，支持过恐怖活动。[26]

民族信仰，表现为基于文化和族群利益的民族主义，在世界近代史上被视为积极进步的力量。民族主义是 17—18 世纪欧洲的产物。早期民族主义起到了反对强权政治、培养民主及平等意识、增进社会凝聚力的进步作用。它以革命的名义，唤起人民的激情，鼓动人民为了民族国家理想而奋斗。英国政治学者阿兰·瑞安说：“近代国家的经济基础组成十分复杂，需要某种有凝聚力的原则来团结人民，不让个人自行决定遵守哪些法律，不遵守哪些法律……民族主义使人的忠诚超越家庭或部落，在这个意义上，它产生的后果弥足珍贵……社会只有实现了政治统一，才能向现代化挺近。”[27]

早期民族主义同追求个性解放和参与公共事务的自由主义思想并行不悖。美国革命和法国革命都激发了民族信仰，但其内涵有所不同。美国的民族意识是由英国殖民统治促发的，其核心内容不仅仅是独立的政治权利，而且同个性自由和宗教信仰多样化密不可分。美国的民族信仰充满了“命定观”的宗教色彩。在法国，反抗国内暴政同反对外族干涉有着相同的目标，激起了巨大的民族主义热情。但是，当法国民族主义走向对外扩张时，唤醒了欧洲其他国家的民族意识。在1848年欧洲革命中，民族主义作为一种运动，达到了空前高潮。俾斯麦的“铁血政策”使民族主义在德国蒙上了一层浓厚的军国主义阴影。此后，随着殖民主义和帝国主义扩张，民族主义的影响扩展到亚洲、非洲和拉丁美洲，并且成为反对欧洲国家和美国施加民族压迫的主要思想武器。正如历史学者汉斯·科恩所指出的：“在其初始之际，民族主义打碎了传统的、陈腐过时而束缚人的社会秩序，并以人类的尊严感、以参与历史和管理自己事务的骄傲和满足感填充着追随者的心灵。这种使人获得解放的感情正是19世纪欧洲早期民族主义的特征，正如今天（20世纪中期）在亚洲和非洲一样。”[28]

民族主义的基本目标有三个。第一个目标是文化民族的自治和政治独立，即建立自己民族的国家。近现代民族解放运动要实现的就是第一个目标。值得一提的是，所谓“民族”解放和独立，大多数情况下并非文化民族的独立，而是在殖民地的基础上，在历史及自然形成的疆界内，一个多族群的社会产生了国家。冷战后新建立的国家，则多数是从原来的多族群国家分裂而来。如果民族主义的目标是每个族群都建立自己的国家，那么这一过程不但会充满痛苦和灾难，而且永远不会终结。

民族主义的第二个目标是在已经独立的国家中培养主体民族的民族意识，发展民族经济和文化。这个目标比民族独立更为复杂、更为艰难。现代民族主义主要强调个人和集团对民族的忠诚，即凝聚民族信仰。随着主权国家林立，当代民族主义不但要求个体对本民族忠诚，而且要求个体对国家主体民族认同，对主体民族所控制的国家机构忠诚，同时排斥个人对跨国组织（大到欧盟，小至跨国公司）等非族群实体的归属感。这种努力被称为“民族建设”。

在当代多族群国家里，“民族建设”带来了一定的内部凝聚力，但是将国家建设成具有统一文化的民族的努力，也带来了许多内在张力和矛盾。在多族群国家中，各个族群不同的语言、文化、宗教信仰客观上造成了不同的利益，而往往有一个较大的族群在政治上比其他族群有更大的权力，国家政策也向这一族群的利益倾斜。这时，爱国主义的号召，就相当于较大的族群要求其他族群向它效忠。处于不利地位的族群，当其族群感情受到伤害、族群利益遭受损失时，所能想到的最终解决办法，就是本族群的独立。如果某一少数族群在国境之外还有实力强大的本族人，就可能寻求外部援助，或联合境外的本族人建立新的国家。这是不断出现民族分裂（其实是国家分裂）的主要原因。冷战后南斯拉夫联邦解体，苏丹被分裂为苏丹和南苏丹，中东的库尔德人、西班牙的加泰罗尼亚人、法国的科西嘉人等要求独立，都属类似的情景。

民族主义的第三个目标是对外维护本民族的权益。在这方面，民族主义往往比意识形态信仰和宗教信仰具有更大的凝聚力。冷战时期，中国和苏联之间拥有共同政治信仰的意识形态纽带一开始被形容为“牢不可破”，但到20世纪60年代初两国就发生了公开论战，最后发展为局部冲突，其根源在于民族国家利益的冲突。中国和越南同属社会主义国家，都信仰马克思列宁主义，却在 1979 年发生了大规模的武装冲突。伊斯兰国家之间的宗教信仰纽带，从来就没能制止国家之间、族群之间的争斗。

第三，不同种类的信仰可能重合，但几乎所有信仰都是排他的，因此经常引发冲突。

对于个人、群体来说，政治、宗教、民族三种不同种类的信仰可能是重合、一致的，可能是交叉、部分重合的，也可能是相互矛盾的。比如，多数以色列人认同西方自由民主观念，信奉犹太教，忠于犹太民族和以色列国，政治、宗教、民族三种认同完全一致；某位中共党员坚定信仰共产主义，认同中国传统文化，又是无神论者，符合中国政治的基本要求；某位伊朗人的后裔加入美国籍后，认同美国的主流政治价值观，但保留了伊斯兰教信仰，难以融入白人基督教为主流的美国文化，他有时会感到在社交活动中处于尴尬境地；某位出生于巴基斯坦的男子是虔诚的穆斯林，虽然早就加入了英国国籍，而且在英国上了大学，应当在政治上认同英国，但他感到自己与英国主流文化格格不入，对西方媒体宣扬的价值观充满反感，那么在某种蛊惑下，他就可能参加宗教极端组织，甚至成为暴恐分子。以上案例，都是实际发生过的，说明了政治认同、宗教认同、民族文化认同之间的复杂关系。

物以类聚，人以群分。无论是政治信仰、宗教信仰还是民族文化信仰，其政治功能都是区别“我们”和“他们”，甚至明言或暗含着“我们”在道德和文明方面高于“他们”。由此产生了关于“我们是谁”的“认同政治”。[29] 在中国，作为“我们”的马克思主义者，认为马克思主义是真理，对人类认识世界、改造世界、推动社会进步具有不可替代的作用。要使马克思主义在意识形态领域占据主导地位，就必须同“他们”的非马克思主义、反马克思主义的倾向和思潮进行斗争。这样，“我们”同“他们”的区别，就成了真理与谬误的区别。

塞缪尔·亨廷顿在冷战结束后不久提出了充满争议的“文明冲突论”。他认为，冷战时期世界政治斗争的主线是意识形态冲突和美苏两大集团的利益纠葛，但冷战结束后最普遍、重要和危险的冲突不是社会阶级之间、富人和穷人之间，或其他以经济来划分的集团之间的冲突，而是属于不同文明实体的人群之间的冲突。对人们来说，在处理认同危机时，重要的是血缘、信仰、忠诚和家庭。人们与那些和自己拥有相似的祖先、宗教、语言、价值观、体制的人聚集在一起，而疏远在这些方面的不同者。[30]他们认同于部落、种族集团、宗教社团、民族，在最广泛的层面上认同于文明，并由此区分自己的朋友和敌人。[31]亨廷顿所说的“文明”是指宗教。亨廷顿说，全球政治正沿着文明的界线重构。在区域层面的断层线上的斗争，很大程度是穆斯林同非穆斯林的战争。[32]

冷战后的世界政治现实，证明了亨廷顿的“文明冲突论”具有深刻的预见性。“9 · 11”恐怖袭击事件和宗教极端势力制造的无数其他暴恐事件，“基地”组织和“伊斯兰国”的异军突起，美国宗教右翼势力和印度教极端分子的重新活跃，都强烈冲击着世界及各地区的和平与稳定。但是，“文明冲突论”也有相当大的片面性。首先，虽然世界上的“文明冲突”（宗教、教派纷争）此起彼伏，但未像亨廷顿所预言的那样，成为国际政治的主线。[33] 亨廷顿所担心的中国将同伊斯兰国家联手对抗西方的情况，虽然在中国同伊朗的关系方面似乎可以找到一点根据，但没有在更大范围内发生。其次，在今天中东地区的教派冲突焦点，不是穆斯林和非穆斯林之间的矛盾，而是更多地表现为伊斯兰教内部两大派别——逊尼派和什叶派之间的纷争，特别是霍梅尼领导的伊斯兰革命后的伊朗同坚持王权的沙特阿拉伯之间的对立。这是亨廷顿未曾预见的。

亨廷顿重视信仰在世界政治中的地位和作用，这是正确的。但他没有对民族信仰以及宗教信仰同民族信仰、种族主义形成的合力，给予足够重视。民族信仰的诉求一旦极端化，并与暴力结合起来，便成为世界动乱和冲突的重要根源。民族主义具有“最高的合法性”，战争一旦披上了民族信仰的外衣，就被其发动者描绘为一种“解放”或“维护民族最高利益”的正义行为。印度著名诗人泰戈尔认为，民族主义的概念是人类发明的一种最强烈的麻醉剂，“在这种麻醉剂的作用下，整个民族可以实行一整套最恶毒的利己主义计划，而一点也意识不到他们在道义上的堕落”[34]。

民族主义对自由的损害、同自由主义的矛盾，是很多研究者关注的问题。早在民族主义的初期，约翰·斯图尔特·密尔就看到民族主义的暴力倾向。他在评价 1848 年欧洲革命时写道：“民族情绪远远超过了对自由的热爱，人们都愿怂恿统治者去粉碎那些非我族类、语言有异的任何民族的自由和独立。”[35] 美国学者斯蒂芬·格罗斯比也看到了这一点，他对比民族主义的特点后做了这样的归纳：“它相信民族是唯一值得追求的目标；这种断言常常导致一种信念，即民族要求不容许任何质疑和任何妥协的忠诚。这种关于民族的信念一旦成为主导，便会危害个人自由。另外，民族主义经常宣称其他民族是自己民族不共戴天的敌人；它把仇恨植于外来物，无论对方是另一个民族、一个移民，还是一个可能信仰另一种宗教或说不同语言的人。”[36]

中国提出了构建“人类命运共同体”的宏大目标。不言而喻的是，人类命运共同体需要共享理念、共同理想来支撑。狭隘的宗教观念和狭隘的民族主义显然无助于形成人类的共同理想和信仰。一些带有理想主义色彩的研究者，希望民族主义通过吸纳自由主义理念而变得温和，并具有更多理性。以色列学者耶尔·塔米尔指出，“仍然悬而未决的问题是，民族主义的姿态将是某种有害的种族中心主义形式，还是一种以对自由价值的尊重为指导的、清醒的民族主义形式”[37]。这一问题是决定世界政治未来走向的核心问题之一。

第六章

公　正

第一节　何谓“公正”

“公正”同“公平”和“正义”是相近的概念，想把三者从语义上完全区分清楚，大概是徒劳的。本书主要使用“公正”的概念，以涵盖“公平”和“正义”。美国政治学者罗尔斯的名著《正义论》（*A Theory of Justice*）中 justice 被译为“正义”，而另一位美国学者桑德尔的名著《公正：该如何做是好？》（*Justice: What's the Right Thing to Do*？）中 justice 却被译为“公正”。两种译法不同，正说明中文里的公正和正义两个概念相通。至于英文中 fairness（公平）同正义或公正有何区别，不妨去读罗尔斯的另一部著作《作为公平的正义》（*Justice as Fairness*）。[1]

公正在中文中含有不偏不倚、正当、恰如其分等意思。公正在古今中国都是一种重要的“善”，是当下提倡的社会主义核心价值观中的理念之一。在中国古代，公正主要用于评价人的道德和行为，指按照一定的标准做“正当”的事。

在古代汉语中，“公”与“正”经常分开使用。“公”一般与“私”相对应，即超越个体性，含有公共性。《吕氏春秋·孟春纪·贵公》有言道：“昔先圣王之治天下也，必先公，公则天下平矣。平得于公。”这里的“公”，实际上是公正的意思。《礼记·礼运》中有“大道之行也，天下为公”，即是群体性、公共性的指向。汉朝政论家贾谊写道“兼覆无私谓之公”“方直不阿谓之正”[2]，宋朝理学家朱熹指出“公是个广大无私意”[3]，也是公共性指向。

“正”则是指中正、正直、不偏不倚的品行。当季康子问政于孔子，孔子说，“政者，正也。子帅以正，孰敢不正？”[4]意为当政者做出正直、合乎规范的表率时，民众自然也会合乎礼仪、规范。孟子说“君义莫不义，君正莫不正”[5]，荀子说“上公正，则下易直矣”[6]，都强调的是君主应为臣民做出正直的表率。孔子说“君子喻于义，小人喻于利”[7]，荀子说“不学问，无正义，以富利为隆，是俗人者也”[8]，都强调正义乃君子为人之道，应该把个人道德修养放在首位。

在古代，“公平”也用于指人的行为，如《战国策·秦策》说“商君治秦，法令至行，公平无私”，指的是商君公正无私的态度和行为。由是观之，中国古代意义上的“公正”注重的是个人的德行，特别是指上者的德行，而很少强调公共制度的公正性与合理性。

在西方，自古希腊时期起，正义就被当作一种社会制度安排的价值准则进行探讨。柏拉图在《理想国》一书中提出，正义首先是城邦的正义。柏拉图把城邦的统一强盛作为压倒一切的目标，把为国家做贡献作为公民的最高道德。柏拉图把社会整体（城邦）视为唯一的目标，个人是为整体服务的工具，个人的价值只能是作为整体的有机组成部分，完全消融于整体之中。他认为“国家的正义在于三种人在国家里各做各的事”，“当生意人、辅助者和护国者这三种人在国家里各做各的事而不相互干扰时，便有了正义，从而也就使国家成为正义的国家了”。[9]柏拉图把正义看作社会各阶层各司其职，个人守好本分而各得其所；由于人天生是不平等的，每个人都应接受自己的命运，安分守己。当然，这种等级观念是现代社会难以接受的。

亚里士多德的正义观有别于他的老师柏拉图。一方面，同柏拉图一样，亚里士多德也把城邦理解为有机整体，正义以公共利益为依归：“城邦以正义为原则。由正义衍生的礼法，可凭以判断（人间的）是非曲直，正义恰正是树立社会秩序的基础。”[10]另一方面，亚里士多德突出了平等观念，明确地说：“不公正即不平等，公正即平等。”[11]

亚里士多德提出，正义寓于某种平等之中，正义要求按照平等原则给同样的人以同样的对待：“正义是某些事物的‘平等’（均等）的观念……正义包含两个因素——事物和应该接受事物的人；大家认为相等的人就该配给到相等的事物。”亚里士多德把平等分为两类，“一类为其数相等，另一类为比值相等……正当的途径应该是分别在某些方面以数量平等，而另些方面则以比值平等为原则”。[12]他还说，公正就是根据不同群体对城邦利益的贡献来分配荣誉和职位。据此，亚里士多德认为：“公正在于成比例，不公正则在于违反比例。不公正或者是过多，或者是过少。”[13]

亚里士多德比柏拉图高明之处，还在于提出了法治优于人治的理念。他认为，良好的公共秩序需要法律的保证，一个优良的政体应当围绕如何实现正义做出法律等制度的安排。亚里士多德最早提出并阐述了法治的两大要素——法律至上与良法之治。他说，法治应包含两重意义：已成立的法律获得普遍的服从，而大家所服从的法律又应该是本身制定得良好的法律。这其实也是现代法治的两个基本属性：法应具有至上的权威性，法治之法应是良法。亚里士多德坚持柏拉图“恶法非法”的主张，认为专制政体的法律是“恶法”，服从“恶法”不能称作法治。法治应体现在立法、执法、守法的各个环节之中，要加强对公民守法观念的教育和培养。亚里士多德认为，人们服从法律就是服从正义，而立法的根本目的也恰恰是要促进正义的实现。尤为重要的是，亚里士多德指出了统治者也要受到法律的约束，这构成了近现代法治思想的核心。

有关公正的论述不胜枚举。下面，我就“何谓公正”谈三点粗浅的体会。

第一，公正是一个社会历史现象，公正的标准随着历史的发展而演变。在政治上，没有一个适用于一切时代和一切社会制度的、统一的且恒定不变的公正标准。比如，西欧农耕时代被认为神圣的罗马教皇和教会的统治，在文艺复兴之后逐渐受到质疑，政教合一被认为是不公正的。在西方扩张时代，掠夺殖民地很少受到道德谴责，而从 20 世纪开始，民族压迫成为不公正的象征。在美国独立战争前后，贩卖黑奴是普遍现象，但从南北战争到 20 世纪中叶美国黑人解放运动的 100 多年里，种族歧视逐渐受到谴责，美国社会最终接受了种族平等的公正观念。在西方民主进程中，选举权起初只限于有财产的公民或成年男子，后来逐渐得到纠正，变为男女平权。

在当代世界，强迫每一个公民信奉某种宗教，即使在像伊朗或沙特阿拉伯这样宗教势力强大的国家，也不再被视为公正。

在改革开放后的中国，人们对社会公正的看法发生了很大变化。官方出版的《中国共产党历史》提到："长期以来，按照马克思、恩格斯在19世纪对未来社会的某些设想，毛泽东一直认为，商品经济、按劳分配、八级工资制是一种与资本主义有着密切联系的不平等的'资产阶级法权'……随着'文化大革命'的发展，毛泽东把商品经济与'变修正主义'、'产生资产阶级'联系起来，与'林彪一类如上台'的忧虑联系起来。因此，限制等级制度和破除特权思想，避免社会因贫富悬殊而产生两极分化现象，是他一直致力解决的重要问题。"[14] 其实，在毛泽东时代，有被视为"资产阶级法权"的八级工资制[15]，劳动者收入看起来有差别，其实差别主要由年资、工种、地区等同贡献相关性不大的因素决定，造成了平均主义、"吃大锅饭"等不利于经济发展的种种现象。那时人们的收入往往"干与不干一个样""干好干坏一个样"，实际上对于勤奋工作、贡献较大的劳动者来说是很不公正的。对公正、平等问题的认识，在改革开放时期发生了重大变化。按照多劳多得的原则，参照对所在单位的贡献和工作业绩来分配收入，决定荣誉和级别，成为普遍接受的公正观念。

公正标准的变化，既是社会发展使然，也有为了某种政治目标而人为推动的因素。对此，英国政治学者米诺格说："政治生活中总会有人在某些时候提出维护公正的要求。当新思想出现，或是形势发生变化时，原先看起来自然合理的情形现在却使人们不满，要求改革，而改革的理由就是维护公正……每个人在提要求或发牢骚时都可以假公正的名义，所以公正能够激起强烈的感情，这情绪又能酿成民众的骚乱。对立的两个阵营高举正义的大旗相互争斗，能将整个社会拖入内战。”[16]

米诺格的评论是有许多历史事实为依据的。例如，在美国南北战争中，林肯总统领导的北方军队，其高举的正义大旗先是联邦统一，后是废除奴隶制，这是为人熟知的。那么南方打出什么正义大旗呢？美国宪法第十修正案指明，“没有被宪法赋予联邦的权利，或者并未由宪法禁止授予各州的权利，由各州及其人民自主保留”。要求分离出联邦的南方各州认为，根据这条宪法，各州保留了独立的权利，“主权在民”的“州”，才是维护自治的民主原则的代言人。因此，南方各州坚持认为，脱离联邦和在本州蓄奴是合法的，而北方进攻已经独立的南方各州就是“违宪”，就是“侵略”，南方对北方的抵抗是公正的。此外，南北双方都引用基督教的某些教义为自己的立场辩护。南北战争后来的结果，实现了北方的要求，既保留了联邦的统一，又解放了黑奴。北方的胜利，也就确立了其目标在美国历史上的公正性。

但时至今日，美国仍然一直有人试图为南北战争翻案。1939 年上映的美国电影《乱世佳人》(又译为《飘》)，就不认可南北战争是一场正义战争，而着重反映了战争的残酷。根据影片的描述，许多南方黑奴在战争期间还对种植园主忠心耿耿。2017 年 8 月，自由派分子以“清除种族压迫遗迹”为由，拆除当年南方邦联军统帅罗伯特·李将军在弗吉尼亚州夏洛茨维尔市的塑像。此举引起了一场白人至上主义者发动的暴力袭击。这场斗争显示，关于南北战争中北方是否是“正义之师”的争论，在美国至今没有真正平息。

同美国内战类似，在古今中外的其他战争或政治斗争中，对立双方都宣称自己是正义之师，只不过使用的是不同的正义标准。如果对立双方分别是统治者和被统治者，那么统治者方面坚持的公正原则往往是团结统一、社会安定、遵纪守法，被统治者则强调另外一套道义规则，如反对专制和腐败，争取民主自由和平等尊严，等等。当然，所有这些公正原则都是为了获得道义上的优势，其背后都有利益诉求。

第二，公正标准可能是十分抽象的，但也可能是十分具体的。在不同行业、领域，具体的公正标准往往很不相同。例如，我所从事的教育工作中的公平问题就很具体，也很不好操作：一个博士生的学位论文质量尚可，但该学生在就学期间品行不端，应该给他（她）授予博士学位吗？在教育系统中，官员学历造假是一种不折不扣的腐败行为，不但损害了高校的学术风气，助长了官员造假之风，也动摇了整个社会的公平和信用基础。但是具体到个案，何谓“学历造假”，根据什么来判断，由谁来做出评判，是否在社会上公开，是很容易引起争议的。

有些看起来很明确、操作性强的公平原则，遇到政治问题时就复杂化了。比如，体育运动是最讲规则的——不得弄虚作假，运动员不能服用兴奋剂等。但如果一名运动员获得世界冠军，为国家赢得荣誉后，被本国有关人员发现他在比赛期间服用了兴奋剂，是应该揭发出来维护体育的公平性，还是掩藏下来以免运动队和国家蒙羞？揭发此事的人，是应当因维护体育的公正而受到赞扬，还是应当因这种“叛国行为”而受到谴责？有人会辩解说，服用兴奋剂是国际体育运动中的“潜规则”，在各国运动员中很普遍，所以判断此类行为公正与否，是“伪善”。实际上，2015—2016 年俄罗斯体育界就出现了这类丑闻和相关争论。

同运动员服用兴奋剂相类似的，还有考生作弊、学者抄袭、歌唱演员假唱、商人欺诈、生产者造假等不道德的违规、违法行为，但是社会上有为这些行为找借口、作辩护的种种说辞。如何处理这类现象，涉及法律、政策的制定和执行，可能成为严肃的政治问题。

第三，全球范围的公正问题影响世界政治。在国际社会中，“公正”也是关键议题之一。“大小国家一律平等”在主权意义上是正确的，就像“人人生而平等”一样。但是，在实践意义上，大小国家、强弱国家之间的平等既不现实，也不公平。联合国安理会常任理事国的设立，就说明国家之间事实上的不平等。

中国政府近年来推出的一个理念是，推动国际政治经济秩序朝着更加公正合理的方向发展。2015 年 10 月，习近平总书记指出：“数百年来列强通过战争、殖民、划分势力范围等方式争夺利益和霸权逐步向各国以制度规则协调关系和利益的方式演进。现在，世界上的事情越来越需要各国共同商量着办，建立国际机制、遵守国际规则、追求国际正义成为多数国家的共识。经济全球化深入发展，把世界各国利益和命运更加紧密地联系在一起，形成了你中有我、我中有你的利益共同体。很多问题不再局限于一国内部，很多挑战也不再是一国之力所能应对，全球性挑战需要各国通力合作来应对。”[17]与此同时，中国还提出了“国际关系民主化”的主张。

中国人观察世界政治一般都以国家为中心，所以无论是官方还是民间，都把国际正义视为国与国之间关系的问题。国外论者眼中的“全球正义”，除了国家关系中的主权平等、国际合作、遵守国际法和国际规则等之外，通常还包括各国人权、政治共同体的自治权、难民救济等超越国家与国际关系的问题。1948 年通过的联合国《世界人权宣言》对世界范围内的人权给予合法性保护：“人人有权要求一种社会的和国际的秩序，在这种秩序中，本宣言所载的权利和自由能够获得充分实现。”[18]印度经济学者、1998 年诺贝尔经济学奖获得者阿马蒂亚·森认为，人权的观念建立在我们共同拥有的人性的基础之上，是人之所以为人应当享有的基本权利，世界上的每一个人，无论其国籍、民族、种族、社团等身份，都应该享有的作为人的基本权利和资格。在世界范围内消除饥荒、种族灭绝、奴隶制度、恐怖主义、种族歧视、流行病、文盲，这些基本的人权与全世界人民都有基本的相关性。[19]英国学者米勒说：“人权具有很高的道德价值。它们对应于能够加诸一个人的最严重的伤害。所以它们优先于我们对公平和互惠的关注。”[20]在国家主权与人权的关系问题上，中国等发展中国家的主流观点是国家主权应优先于个人权利，而西方发达国家的主流观点是国家必须在尊重人权的基础上行使主权。这是在全球正义问题上纷争的主要焦点。

第二节　公正与收入分配

一般人心目中的公正，大多同经济领域的收入分配有关。而这一领域的公正，是相对容易用道理和数据来衡量的。

美国学者迈克尔·桑德尔写道，公正涉及的是社会如何分配收入与财富、义务与权利、权力与机会、公共职务与荣誉等等。桑德尔指出，考量公正的角度有三种：第一种是功利主义的角度，以最大多数人的最大幸福（主要指物质财富）为标准；第二种是自由的角度，主张给予每个人以通往成功之路的平等机会；第三种是德行的角度，涉及堕胎、同性恋等社会生活中的道德问题。[21] 阿马蒂亚·森将社会正义理论归纳为三派，即功利主义、自由至上主义以及罗尔斯的正义理论。[22]

桑德尔和森都提到的功利主义，是19世纪以来最有影响力的社会正义理论之一。在很长时间内，传统的福利经济学和公共政策经济学是以功利主义为基础的，认为一个人的福利是他所感到的满足的总和，个人总是力图使自己的满足成为最大量。社会福利则是个人福利的总和，功利主义提出的“最大多数人的最大幸福”的口号，其本质是自由主义而非社会主义。这个原则鼓励每个人为了自己的利益去自由竞争，国家的任务只是为自由竞争提供良好的环境。不过，基于提高总体经济效率的功利主义目标，进行某种财富再分配也是合理的。二战后，福利主义在欧美盛行，主流观点认为要建立一个公正社会，政府可以通过累进税及其他措施进行广泛的财富再分配，缓和资本主义的贫富悬殊。

自由至上主义的代表人物是英国学者弗里德里希·哈耶克、美国学者罗伯特·诺齐克等人，他们认为财产权等各项权利具有绝对优先的地位，应当禁止任何人用整体利益或其他价值之名，侵犯一个人的权利。诺齐克宣称，社会正义关心的是在一个政治群体中谁应该得到什么。只要能够保证每个人最初占有的财产是公正合理的，其转让也是公平的，那么整个社会便是公正的。如果政府按照某种模式或非历史性的公正原则，例如平等原则或社会需要原则，通过征税将个人的财产强行转移给别人，那便严重侵犯了个人权利，剥夺了个人自由。道理很简单：如果一个人拥有完整的自我所有权，他当然有权自由支配正当得来的财产，并通过自身的聪明才智赚取更多财富。作为社会评判标准的唯一有价值的东西是法律所定义的公正。只要不违反法治原则，即使最后出现财富不均，也是无可非议的。

诺齐克等人希望为自由放任的市场资本主义建立稳固的道德基础。他们认为，只有一个政府极少干预的、功能上最弱、最小规模的国家（minimal state），才是一个最公正及值得追求的政治组织。这样的国家，其功能及权力只限于防止暴力、盗窃、欺诈以及确保契约的执行。除此之外，政府应绝对尊重人们的选择自由及私有产权，不应因平等或福利等其他价值，进行任何的财富再分配。[23]

美国学者、诺齐克在哈佛大学的同事约翰·罗尔斯对收入分配领域的社会正义所做的阐释，在西方也有极大的影响力。罗尔斯在《正义论》一书中提出，一个公正的社会必须满足三个条件。首先，它必须给每个成员一组最广泛的基本自由（包括投票权之类的政治自由），这些自由与其他人所获的自由是一致的。其次，具有更多优势的职位——例如报酬更高的工作，必须在机会平等的基础上向所有人开放。最后，收入和财富的不平等，只有在证明有利于社会中最少受惠者的利益时才是正当的，也就是说，它们为提高社会总体生产率提供了激励，从而允许更多的资源向社会底层人群流动。[24]罗尔斯的《正义论》得到众多学者的推崇，是因为它对国家及正义的诠释，符合很多人的道德直觉和对政府角色的理解，即达到平等才能公正，政府应成为社会的平衡器，维护弱势群体的权益。

阿马蒂亚·森对贫困与公正问题的研究独树一帜。他用“权利方法”弥补了前人关于贫困问题研究的伦理缺失。传统经济学认为，饥荒是由于食品短缺引发的。森通过大量案例考察和实证分析，表明在人类历史上，发生饥荒的地区并不都是贫瘠之地，发生饥荒的时间也不都是荒年。他认为，贫困不仅指一个人身处贫困状态，而且包括由个人环境和社会限制所造成的机会缺失，从而使其失去自由选择的权利。贫困不完全是价格问题，也不完全是政策问题，而是人的权利问题。要理解贫困与饥荒，就必须理解所有权结构，即权利集合内不同权利间的关系。他指出，在市场经济中，人的权利包括生产权利、交换权利、劳动权利和继承权利。任何一个权利缺失，都有可能影响人的生活质量或生存状态。其中自由生产和自由交换的权利是最基本的权利。森提出，政府应当通过建立一个较为完善的饥荒预防体系，来保护贫困者的权利、保障人们的“直接权利”（生产权利）和“贸易权利”（交换权利）不受侵犯：一是保护公众的财产所有权，使人们能够通过自己的自然禀赋和拥有的要素资源获得相应的收入；二是维护市场秩序，创造一个公平竞争的市场环境，使人们能够享有充分的自由交易的权利。[25]

阿马蒂亚·森将贫困与饥荒视为社会公正问题和伦理问题，而不仅仅是经济问题，提出应通过拓展人的自由权利来实现经济发展。他强调，建立稳定的社会权利范式，有效保障人的各项权利，是解决贫困与饥荒问题之根本。他认为，从福利的角度出发，对于一个合理制度提出的起码要求是：个人选择的最大自由、公平的收入分配，以及每个人都能达到最适宜的生活水平。他高度重视个人自由，指出自由也是发展的主要手段，“政治自由（表现为言论民主和自由选举）有助于促进经济保障。社会机会（表现为教育和医疗保健）有利于经济参与。经济条件（表现为参与贸易和生产的机会）可以帮助人们创造个人财富以及用于社会设施的公共资源”。[26]

功利主义、自由至上主义、罗尔斯的正义理论、阿马蒂亚·森的权利论，提供了达到收入分配领域公正的 4 个视角。这些视角都是以规范的市场经济体制为前提，讨论公正的标准，以及如何减少或消除社会不公问题。这里的疑难问题是：公正的前提和主要衡量标准究竟是自由还是平等？这是社会科学和政治实践中永远争论不休的问题。在收入分配上做到“均富”，当然是理想的结果，但在世界历史上均富的事例不常见，“均贫”却很普遍。战争、暴力革命和大规模的社会动荡，经常造成“均贫”，而在经济环境比较宽松、个人权利有所保障、发展比较顺利的时期，往往只是一部分人、一部分地区首先富裕起来，其他人、其他地区远远落在后面，而且差距越来越大。

本书第四章提到，当今世界的财富大幅增加，贫困问题有望得到缓解。但是，脱贫同财富分配的公平程度并无直接关联。举一个虚构的例子：在国民经济高速发展的背景下，甲原先平均月收入只有 100 美元，现在每月收入增加一倍，达到 200 美元，超越了贫困线。乙原先平均月收入 1 000 美元，现在也增加一倍，达到 2 000 美元。从增长倍数看，甲乙之间是平等的，但两人之间的绝对收入差距从原来的 900 美元增加到 1 800 美元。由此看来，如果不通过税收级差等方式调节收入分配，全社会的财富增长将带来收入差距的扩大，也就是相对不平等的扩大。

法国经济学家托马斯·皮凯蒂的《21 世纪资本论》梳理了 20 世纪 60 年代末以来的 40 多年里，主要发达国家的资本收益同劳动收益之间的增长变化。他发现，资本收益的增长明显高于劳动收益的增长，以此证明发达国家的贫富分化日益严重。[27] 有资料显示，在 1820 年的世界，最富裕的 20% 的人口占有世界总财富的 60%，1950 年这一比例是 70%，到 2010 年时上升到 85%。而到 2015 年左右时，世界总人口中最贫穷的 20% 只拥有世界总财富的 1.5%。[28]

最富裕的国家同最贫穷的国家人均拥有的财富之间的差距，从 19 世纪初的 4 倍，扩大到 21 世纪初的 100 倍。[29] 20 世纪 80 年代以来，发展中国家经济增长速度整体上高于发达国家，于是制造业和财富逐渐从发达国家流向了发展中国家，二者之间的财富差距在缩小。从这一意义上说，"富国愈富，穷国愈穷"的现象有所缓解。但与此同时，大多数发展中国家内部的贫富差距也在扩大。

经济学上通常用基尼系数（Gini Coefficient）来衡量一个国家

和地区的财富分配状况，也是衡量一系列社会不平等的指标。世界银行等国际组织与各国官方及民间机构，经常按照基尼系数对各国财富分配等情况进行评估：瑞士、丹麦、日本基尼系数最低（贫富悬殊较小），挪威、瑞典、澳大利亚、德国等国次之，但近年来也在升高；南非、巴西、美国，以及中国内地和香港地区等地的基尼系数相当高。全世界的基尼系数，从 1820 年的 0.43 一路攀升到 2005 年的 0.68。[30] 习近平总书记在 2016 年二十国集团杭州峰会开幕辞中说："据有关统计，现在世界基尼系数已经达到 0.7 左右，超过了公认的 0.6 '危险线'，必须引起我们的高度关注。"[31] 教育平等、机会均等、收入流动性等，也可以用基尼系数来衡量。

随着经济收入差距的扩大，全球范围内其他方面的社会不平等现象也是惊人的。20 世纪 90 年代末，最不发达国家的人口平均寿命为 48 岁，其他发展中国家的平均寿命是 63 岁，而发达国家的平均寿命为 75 岁。婴儿的平均死亡率，发展中国家是发达国家的 8 倍。全世界的 3 600 万名艾滋病毒感染者中，90% 生活在发展中国家，其中约 2 000 万人生活在撒哈拉以南的非洲。教育方面，最不发达国家的人口识字比率仅为 45%，发展中国家平均为 64%，而发达国家则为 99%。在发展中国家，62% 的劳动力从事农业生产，而这一比率在发达国家中只有 7%。[32]

当今世界一个普遍的认识是，经济收入差距扩大及其所带来的社会后果是世界范围内主要的不公正问题——近年来愈演愈烈的民粹主义，被认为同贫富悬殊的扩大有直接的关系。但是，不少中外学者并不认可皮凯蒂《21 世纪资本论》一书的立论。例如，中国经济学者许小年认为“社会稳定固然与收入分配密切相关，却并不是收入越平均，社会就越稳定，两者的关系取决于民众对正义与公平的理解……从经济学的角度考察，民众有可能容忍、接受甚至欢迎收入差距的增加，倘若如此可以提升个人福利水平的话。这种可能性之所以存在，因为收入差距一方面为社会精英提供了创造财富的激励，另一方面也使他们能够积累资本，投入到创新等高风险的经济活动中，努力促进经济的增长。结果是可供分配的饼做大了，虽然普通民众个人的份额下降，但得到的绝对量增加，因而愿意支持这样的收入分配‘恶化’”。[33]

邓小平在中国改革开放初期曾经说过，“一部分地区、一部分人可以先富起来，带动和帮助其他地区、其他的人，逐步达到共同富裕”。[34] 习近平总书记指出：“共同富裕是社会主义的本质要求，是中国式现代化的重要特征。”[35] 中共二十大报告指出，我们要“完善分配制度”，“坚持按劳分配为主体、多种分配方式并存”，“坚持多劳多得，鼓励勤劳致富，促进机会公平，增加低收入者收入，扩大中等收入群体”，“规范收入分配秩序，规范财富积累机制”。[36] 建立社会的公平正义，需要建立合理的财富分配制度，努力缩小收入的两极分化，为全民提供相对公平的获取和占有财富的机会。达到全社会共同富裕的目标，仍然任重而道远。

第三节　公正与法治

作为世界政治终极目标之一的公正，其内容不仅仅是合理的财富分配，还包括公民要求的政治权利、社会福利、社会地位、文化教育、司法公正、社会救助、公共服务等，涉及复杂的法律、制度、政策问题。衡量一项有关政治与社会的决定公正与否，一个重要标准是法治。

在中国，法治指的是依据法律的治理。法治是治国理政的基本方式。要推进科学立法、严格执法、公正司法、全民守法，坚持法律面前人人平等，保证有法可依、有法必依、执法必严、违法必究。同法治相对立的是人治。中共十八届四中全会做出《中共中央关于全面推进依法治国若干重大问题的决定》，明确了全面依法治国的总目标、基本原则和重大任务。

法律公正由两个方面组成：第一是法律制定上的公正，可以称为立法公正；第二是法律实施中的公正，包括执法公正和司法公正。毫无疑问，立法公正是法律公正的基础。但是执法公正和司法公正至少和立法公正同等重要。理由很简单：没有公正的执法和司法，再公正的法律也只能代表一种美妙的理想，或者成为统治者手中炫耀其正义性的一种“文字游戏”。

执法公正和司法公正是两个既有区别又有联系的概念。本节着重讨论狭义的司法公正，即法院的审判公正。司法公正是法律公正的全权代表和集中体现，是依法治国的目标和要求。如果一个社会中没有了司法公正，那么这个社会也就根本没有公正可言了。

司法公正的基本内涵就是要在司法活动的过程和结果中都坚持和体现公平与正义的原则。在政治和法律领域，如何阐释实体公正（一般人所理解的结果公正）与程序公正（形式公正）的关系，是一个争议很大的问题。坚持程序公正并不必然导致实体公正，获得实体公正也不必然遵循程序公正。世界各国在确立其司法制度时的做法不甚相同。两者之间常常有差距，甚至是巨大的差距，这是现代法律必须关注的问题。

世界法制史上的一种极端做法，是仅仅追求实体公正，忽视程序公正，即无论司法程序和手段如何，只求结论的公正。比如不经法律正当程序就逮捕犯罪嫌疑人，并对他严刑逼供，而他最后确实被判定有罪，就被认为是公正司法。这曾经是大陆法系国家（又称罗马法系国家，包括德国、法国、意大利、西班牙、拉美国家等）诉讼制度的传统做法之一。英美法系（又称普通法系）的传统则更重视程序公正，除法官以外，诉讼程序以原告、被告及其辩护人和代理人为重心，采用“无罪推定”原则，具有抗辩式的特点，同时还存在陪审团制度。

程序公正与实体公正的关系，在刑事审判中可以清楚地看到。刑事审判的实体公正，就是法院的最终裁判使有罪者受到法律应有的惩罚，轻罪轻判，重罪重判，无罪者免受法律追究。这是结果的公正，是实体公正的要求。同时，程序公正要求法官在刑事诉讼中要公平地对待控辩双方，保障其平等充分地享有和行使诉权，比如允许被告和原告双方陈述自己的案情，确保指定的法官没有既得利益使他可能偏向一方，为获取证据不能对被告采取逼供的方式，等等。这些程序之所以重要，部分原因是它们往往能确保做出正确的裁决，也是因为它们显示了对接受审判者的适当尊重。在刑事诉讼中，由于被告人具有的特殊诉讼角色和社会身份，任何程序上的偏袒或不平等，都有可能使被告产生某种不公正的感觉，即使裁判做到了实体公正，也不容易服判，影响裁判的权威性和公信度。

2000年美国总统大选的过程，本来是一个政治程序，最后却变成了司法程序。这一案件充分体现了程序公正对实体公正的影响。当年两位总统候选人分别是共和党候选人乔治·W. 布什（时任得克萨斯州州长）和民主党候选人阿尔·戈尔（时任副总统）。美国的总统选举实行"赢家通吃"的选举规则，即按选民多寡给每州分配"选举人票"，候选人在某州获得该州多数选票的支持，即获得该州全部的选举人票。2000年总统大选接近尾声时，佛罗里达州成为胜负的关键。佛罗里达州有25张选举人票，谁在佛罗里达州获胜，谁就基本确定能当总统。

在美国，选举的具体方式由州政府管辖。2000年11月8日下午，佛罗里达州完成了计票工作。在大约600万张选民票中，布什仅比戈尔多得1 784张选民票（相当于佛罗里达州选票总数的0.0299%）。对戈尔及其支持者来说，这一不到2 000票的微小差距充满了诱惑。他们相信，按照佛罗里达州的选举规则，他们有权要求重新计算票数。多数观察家相信，不论是否精确，重新计票的结果将会是戈尔胜选。对于布什阵营来说，他们自然不肯放弃到手的胜利果实。结果，佛罗里达州计票还未结束，有关选票的争执即起，官司一直从佛罗里达州地方法院打到联邦最高法院。

在万众瞩目之中，美国联邦最高法院的9名大法官以5比4做出裁定："推翻佛罗里达州最高法院命令继续人工计票的决定。"他们裁决关键理由在于：在本案中，佛罗里达州法律以及州法院均没有给出一个明确的标准来进行重新计票，并且不能确保每次投票均能以一种平等的方式公平、准确地统计。因此，进行第二次计票，即人工计票，违反了宪法第十四条修正案所要求的平等保护，以及正当程序所要求的公正对待每一个投票者。

联邦最高法院的这一裁决，把布什送进了白宫。虽然戈尔最后获得的全国普选票数多于布什，但因为丢掉了佛罗里达州的 25 张选举人票，前者仍然败选。在最高法院的 9 名大法官中，有 5 名属于保守派或偏向共和党，所以很多美国人认为这项裁决的结果有失公正，被这一结果所激怒。其实，从地方法院到联邦最高法院，从社区的监选委员会到州政府，它们做出的所有决定都受到党派政治的左右，都谈不上公正无私。但从法律程序来说，联邦法院的裁决无可非议。戈尔在与布什通话之后，发表了全国电视讲话，表示自己虽然不同意联邦最高法院的裁决，但尊重和接受其裁决。为期 36 天的总统选举争议最终尘埃落定。我们在这一案例中看到的法治，是司法独立的威力，是法大于权，是法律程序重于政治结果。

2016 年 11 月的美国总统选举又一次出现戏剧性的结果。共和党候选人唐纳德 · 特朗普最后获得 304 张选举人票，民主党候选人希拉里 · 克林顿获 227 张选举人票，从这一数字看，特朗普获得了压倒性优势。但实际上，在全国选民中，特朗普得到约 6 298 万张选票，希拉里获得约 6 585 万张，希拉里比特朗普的得票多 287 万张。据这一统计，在参加投票的选民中，支持希拉里的比支持特朗普的多 2.1%。这意味着，如果是按照一人一票的方式计算，希拉里会以明显优势获胜。对于这一结果，民主党选民群情激愤，走上街头愤怒抗议。但是，根据美国宪法和相关规定，无须任何法律裁决，就可以断定特朗普当选是符合程序公正的。

许多人（包括美国人）认为，从2000年和2016年两次总统选举看，美国的选举人团制度造成多数选民属意的候选人落选，特别是特朗普这位看来“很不靠谱”的人当上总统，既不民主，也不公正。那么，为何不能修改美国宪法，改成一人一票的总统选举制度呢？究其原因，还是在于程序不允许。《美利坚合众国宪法》第五条规定，“国会应在两院各三分之二议员认为必要时，提出本宪法的修正案，或根据全国三分之二州议会的请求召开制宪会议提出修正案。以上任何一种情况下提出的修正案，经全国四分之三的州议会或四分之三州的制宪会议批准，即成为本宪法的一部分而发生实际效力”。现行的宪法，在参议院和选举人团的设置上有利于人口较少的州：9个人口较多的州拥有略多于一半的总人口，25个人口较少的州拥有的人口占比不到六分之一；但每个州无论人数多寡，都须产生两名参议员。这个制度体现了共和制和联邦制的特点。所以，要想让三分之二以上的参议员或州议会同意以对小州不利的方式修改宪法，是完全没有希望的。

在2020年11月举行的美国大选中，拜登获得306张选举人票，特朗普获得232张选举人票。但是，以特朗普为代表的共和党人声称选举过程中有严重舞弊行为，拒绝承认选举结果的合法性。2021年1月6日，大批特朗普支持者到国会进行抗议，有人冲进国会大厦内，使得参众两院议员计算选举人票的程序暂停。1月6日中午，特朗普出席其支持者游行，并在白宫前向示威群众讲话。他质疑大选投票结果，并表示他绝对不会承认败选。2022 年 6 月美国得克萨斯州共和党大会通过决议，宣称现任总统拜登“非法赢得 2020 年总统选举”。2023 年 8 月，特朗普被美国联邦大陪审团刑事起诉，以调查他涉嫌推翻 2020 年总统选举结果并导致国会大厦遭袭的行为。特朗普表示不认罪。

美国等西方国家实行立法、司法、行政三权分立的政治制度和多党竞争的选举制度。它们的法治同社会主义法治有着重要的差别。在美国，“法治”（rule of law）并不等同于“依法而治”（rule by law）。这两个概念在英文中虽只有一个介词之差，区别却非同小可。“法治”的主语或主体是“法”。宪法作为国家根本大法，是至高无上的。在美国，成文宪法已有 200 多年历史。任何人凌驾于宪法之上，或者任何事被判定为“违宪”（unconstitutional），都罪莫大焉。

但是显然法律本身是不会去治理的，还要有人或机构去解释和执行。在美国，一旦事情成为法律问题，法院就是权威，由大法官组成的联邦最高法院就是最高权威。美国法律判决也会受金钱、舆论、政治、法官个人的党派色彩和信仰等多方因素的影响，绝非总是公正无私的。尽管如此，2000 年“布什诉戈尔案”等诸多案例表明，美国人都认为最终接受法律判决是天经地义，无论其结果公正与否。如果不接受法律判决，也只能通过法律程序才能推翻。

中国政治学者刘瑜运用中美洲国家洪都拉斯的一个案例，生动地展示了一个国家法治遭到破坏后可能产生的政治乱象。[37] 2009 年 6 月 28 日，洪都拉斯发生军事政变。政变的直接起因是，总统何塞·曼努埃尔·塞拉亚·罗萨莱斯塞抗拒本国法庭的裁定，拒绝恢复军队总参谋长巴斯克斯的职务。塞拉亚解除其职务的原因，是军方拒绝帮助塞拉亚举行被洪都拉斯最高法院裁定违法的全民公投。此前，塞拉亚不理会最高法院、军方、国会及执政党内部的反对，坚持要在 6 月 28 日举行全民公投，询问选民是否同意在当年 11 月总统选举期间，就能否修改宪法使总统可以连任举行正式公投。军方遂于公投前一个小时发动军事政变，将塞拉亚驱逐至邻国哥斯达黎加。

塞拉亚在 2006 年 1 月当选为总统。按照宪法，他任期 4 年，不能连任。这位总统先生受到委内瑞拉左派总统查韦斯的政治支持，同时还想效法查韦斯和那几年白俄罗斯、阿尔及利亚、阿塞拜疆等国当权者的做法，通过公投修宪而得以连任总统。但是，洪都拉斯宪法规定只有国会才有权举行公投。因此塞拉亚的反对者指控他要举行修宪公投是“违宪”。政变成功后，洪都拉斯国会和最高法院宣布罢免塞拉亚，并指出军方拘押及驱逐塞拉亚已获得法院授权，属于“护法”的合法行为。

但是，尽管塞拉亚涉嫌违法，他毕竟还是民选的合法总统，用军事政变的方式推翻民选总统，完全违背了时代潮流。洪都拉斯政变后，遭到时任美国总统奥巴马、委内瑞拉总统查韦斯、联合国秘书长潘基文，以及欧盟、美洲国家组织、世界银行等异口同声的谴责，尽管各方的动机大不相同。不过，洪都拉斯这场政治风波没有酿成内战，塞拉亚的政治生涯就此终结，新总统于 2010 年 1 月经选举过后正式就职。

在洪都拉斯这个案例中，塞拉亚企图利用总统职权达到个人连任目的，违反了程序公正的原则。不过可以设想，如果他达到了公投目标，成功地在当年 11 月进行选举，并获得大部分选民支持，可以说能够实现许多人眼中的“实体公正”。但事实情况是，在当时形势下同时达到程序公正和实体公正是不可能的。此外，军方达到了挫败总统举行公投的目标，并自认为是“正义”的。但是军事政变的手段违反宪法和公理，所以也没有实现程序公正。国际社会的一致反应，似乎在坚持“正义”，但有关国家具体介入了同洪都拉斯各派之间的斡旋，有干涉该国内政之嫌。这又是一个两难困境。

在当今世界，用暴力手段夺取政权，包括不流血的军事政变，都是缺乏道义基础的。2013 年 7 月 4 日，埃及军方宣布穆罕默德·穆尔西总统职务被解除，同时武力镇压了总统的支持者。意味深长的是，支持穆尔西总统的穆斯林兄弟会谴责这是一场“军事政变”，而反对穆尔西的埃及民众却认为军队的行动符合人民的意愿，所以不能称为军事政变。外国政府对这一事件的立场和定性，是依照它们对穆尔西和穆斯林兄弟会的态度而定的。美国奥巴马政府一方面希望穆斯林兄弟会下台，因而同情军方；另一方面又知道军事政变不符合程序公正的原则，于是不敢公开支持。以阿卜杜勒·法塔赫·塞西将军为首的埃及军方则表示要尊重民主程序，还政于民，先推出一位文官担任临时总统，实权仍由塞西掌握。2014 年 5 月底埃及举行总统选举，不出意料，塞西“名正言顺”地当选了。2018 年和 2023 年，塞西两次连任总统，而且根据 2019 年修改的宪法，埃及总统的任期从 4 年延长为 6 年，塞西现在的任期到 2030 年结束。

无独有偶，2014 年 5 月泰国也发生了军事政变，由泰国陆军总司令巴育·占奥差与其他军官宣布接管政府。这是 1932 年以来泰国第 12 次军事政变。按照巴育的说法，他要尽快恢复国家稳定和正常，阻止泰国“沦为又一个乌克兰或埃及”。军方政变后任代理总理的巴育很快召集各国使节和国际组织的代表在曼谷举行会议，企图就军事政变“寻求谅解”。这说明泰国军方也感受到了国内外压力。三个月后，泰国国王普密蓬·阿杜德正式任命巴育为总理，使其执政具有合法性。

无数事实说明，在当今世界政治中，经由法治的公正才是真正的公正，但是，经由表面形式的法治获得的结果，也未必是真正公正的结果。法治本身，从理论概念到实践，是永远需要探讨的话题。

第七章

自　由

第一节　自由观念与政治进步

在本书探究的世界政治五大终极目标里，“自由”是最难以界定的，但同样也是人们所推崇、追求的。处在不同时代、不同国家、不同地位的人对自由的理解千差万别。法国近代思想家孟德斯鸠说：“没有一个词比自由有更多的涵义，并在人们意识中留下更多不同的印象了。”[1]不过无论含义如何复杂，自由的最基本含义是清楚的，即个人或群体不受外在阻碍而能够按照自己的意志行动。

在欧洲文化里，“自由”含有“解放”之意，即从外力束缚之下解放出来，能自己做主。“自由”一词在古汉语里的意思是“由于自己”，即不由外力，而由自己做主。“自由”与“自然”最为接近，老子提出“道法自然”，“自然”就是“自己如此”，大道遵循其自身的原则，自由不受约束。庄子名篇《逍遥游》阐释了对自由的认识，自由即“无所恃”，为事不受外物的局限。[2]

自由可以分为许多方面：按照人的活动领域，可以区分为政治自由、社会自由、经济自由、思想文化自由、生活自由等；按照人的生存状态，可以区分为个人自由和群体自由，一直到民族和国家的自由；按照人摆脱束缚的方式，可以区分为消极自由和积极自由。本书主要关注政治自由，但很难将政治自由同其他意义上的自由完全区隔开来。正如美国政治学者乔万尼·萨托利所说："政治自由绝不是唯一的自由，也没有任何必要将它列为至高无上的价值。然而，按照程序来说，它是基本的自由，因为它是所有其他自由的必要条件。"[3]

政治自由主要指公民表达自己政治意愿的自由，通常表现为言论、出版、集会、结社、游行、示威的自由。这些都是中国现行宪法所规定的自由。除此以外，中国宪法还提到了宗教信仰自由、人身自由、婚姻自由、通信自由。毛泽东在 1945 年 4 月中共七大政治报告《论联合政府》里指出，"人民的言论、出版、集会、结社、思想、信仰和身体这几项自由，是最重要的自由"。[4]"自由"一词，在《论联合政府》里出现了 58 次。反对国民党的独裁专制，"使人民获得充分的自由权利"，是毛泽东在这篇名著里反复强调的重要主张之一，也是那一历史时期中国共产党领导革命要达到的主要目标之一。

马克思和恩格斯写的《共产党宣言》，在谈到理想中的共产主义社会时，有一句名言："代替那存在着阶级和阶级对立的资产阶级旧社会的，将是这样一个联合体，在那里，每个人的自由发展是一切人的自由发展的条件。"[5]从语义上看，马克思和恩格斯认为个人的自由发展是条件，一切人的自由发展是终极目标。个人获得自由而且全面发展，也就成为人类解放的终极目标。恩格斯还说过，一部人类发展的历史，就是追求自由的历史，"文化上的每一个进步，都是迈向自由的一步"[6]。

中国政治学者许振洲指出，中国传统社会虽然没有建立在法治基础上的政治自由、政治权利，但广泛存在着源于生活的社会自由，这主要得益于中国人乐观、开放、宽容、非禁欲主义、热爱生活的态度与精神。许振洲还论证道，自由可以或可能存在于任何一种政治制度之下，而非一定与民主制度相联系。[7]

自由并不是近代之前世界政治的核心问题，但也不是突然涌现的。政治自由的对立面是奴役和专制。在古希腊，除了来到古希腊城邦的客人或商人之外，外邦人都是被掠夺来的奴隶，自由民是指城邦之内的居民。“自由”一词在古希腊指与奴隶状态形成对照的另一种状态。为了自由，古希腊人宁愿付出生命的代价。[8]

不过，自由在古希腊更多是指一种集体政治权利。自由民仅限于除奴隶以外各个阶层的成年男子，占人口比例大多数的奴隶和妇女不包含在自由民之内。作为自由民，古希腊人以集体的方式直接行使若干政治权力，如通过协商和投票表决方式决定是否进行战争，是否同外国结盟，批评执政官并决定其去留，等等。[9]古希腊人把在公共机构中分享社会权力看作一种自由，但这种自由只是允许个人参与公共政治而已，并非我们今天所理解的个人自由。古希腊个人隶属于社会整体的程度远远超过今天欧洲任何国家。[10]“虽然他们是自由人，但并非在每个方面都能不受约束；法律是他们的主人，他们畏惧这位主人比你的臣民害怕你更甚。法律规定他们做什么，他们就必须那样做；法律的条文始终如一。法律禁止他们临战逃脱。不管遇到怎样的敌人，法律也要求他们作战时坚如磐石，要么战胜敌人，要么以身殉国。”[11]

14世纪开始的欧洲文艺复兴使自由得到了理性探索。在中世纪，神学家们以上帝作为世界的最高原则和核心，而文艺复兴时代的人文主义者则把人置于中心位置，其影响不仅是一种观念上的革命，更重要的是争取到了人的思想自由。马丁·路德等发动的宗教改革沉重地打击了教皇势力，提出了上帝面前人人平等的主张，培育了宗教宽容精神，为自由提供了较为宽松的外部环境。到了近代资本主义时期，以私人产权为核心的经济自由成为一个重要价值。没有私有财产和产权的概念，就不会有现代意义上的自由观。

在洛克、孟德斯鸠、卢梭等欧洲启蒙运动思想家的影响下，1776年的美国《独立宣言》声明，“所有人都被创造为是平等的”是不言而喻的真理。1789年通过的美国宪法的十条修正案统称“权利法案”，其主要内容是：国会不得制定剥夺公民的言论、出版、和平集会和请愿等自由的法律；公民的人身、住宅、文件和财产不受非法的搜查或扣押；非依法律的正当程序，不得剥夺任何人的自由、生命或财产，以及司法程序上的一些民主权利。1789年，法国大革命的纲领《人权和公民权宣言》正式通过，其核心概念是自由、平等、博爱，“在权利方面，人人与生俱来而且始终自由与平等”，“一切政治结合均旨在维护人类自然的和不受时效约束的权利。这些权利是自由、财产权、安全和反抗压迫”[12]。法国《人权宣言》是重要的人类文明遗产，其基本思想也载入了1945年通过的《联合国宪章》。

约翰·斯图尔特·密尔作为19世纪自由主义的代表性人物，不像一些前辈思想家那样，将自由仅仅视为一种政治性原则，而是从自身所处的时代出发，将自由理解为一种社会性原则，认为社会的专制远胜过政治的压迫。由此，密尔对自由做了新的理解，将之定义为社会权力（而不仅仅是政治权力）的合法使用，其目的是保护个人的权利免遭社会的侵害，捍卫个性和社会的多样性。[13]

时至今日，自由已经成为人类社会普遍承认的核心价值。1948年12月10日在联合国大会上通过的《世界人权宣言》是世界史上具有里程碑意义的文件。该文件第一次在国际上规定了以自由为核心的基本人权应得到普遍保护。《世界人权宣言》第十八条规定："人人有思想、良心和宗教自由的权利；此项权利包括改变他的宗教或信仰的自由，以及单独或集体、公开或秘密地以教义、实践、礼拜和戒律表示他的宗教或信仰的自由。"第十九条规定："人人有权享有主张和发表意见的自由；此项权利包括持有主张而不受干涉的自由，和通过任何媒介和不论国界寻求、接受和传递消息和思想的自由。"[14]美国总统富兰克林·罗斯福提出的"四大自由"广为人知，即言论自由、信仰自由、免于匮乏的自由、免于恐惧的自由（Freedom of speech and expression, Freedom of worship, Freedom from want, and Freedom from fear）。1993年制定的《俄罗斯联邦宪法》亦高度强调个人自由："人、人的权利与自由具有最高价值，承认、尊重和保护人和公民的权利与自由是国家的义务"；"人的基本权利与自由与生俱来，且不可转让"；"思想与言论自由应受保障"。[15]

不过，在政治实践上，直至二战，奴隶制都以不同形式在世界范围内广泛存在，很多情况下甚至是合法存在。对在殖民地和其他地方遭受奴役的人们而言，人身自由、个人尊严完全被剥夺。直到20世纪中叶，美国、南非等地的黑人还在法律地位上低于白人，而妇女在20世纪初的欧美国家才开始获得选举权。但是人对自由是天然向往的，人类社会在不断打破禁锢自由的枷锁中前行，今天，除了少数伊斯兰国家外，女性都有了同男性平等的法律地位。世界上普遍实行一夫一妻制。奴隶制度、奴役行为，以及对不同肤色、族群、宗教人群的歧视，在当今世界绝大多数国家的法律中都明令禁止，也会受到国际社会的道义谴责。个人自由权利同民主政治制度相互促进，推动了人类社会的平等、公正和进步。

但是，对自由的追求也很容易走到它的反面，这在近现代世界历史上屡见不鲜。埃德蒙·柏克在1790年（法国大革命发生的第二年）发表了《法国大革命反思录》一书，指出这种追求自由的革命走向反自由的国家主义的危险性。他认为，法国大革命已经演变为一场颠覆传统和正当权威的暴力叛乱，而不再是追求代议制、宪政民主的改革运动。集体主义和民族主义的好战结合在一起，促成了对个人权利的肆意蔑视。法国大革命初衷是追求自由、平等、博爱，但结果充满了暴力与恐怖。特别是在“雅各宾专政”时代，独裁统治者以革命和人民的名义随意践踏人权。[16]罗兰夫人是领导法国大革命的吉伦特派的领导人之一，她为人民追求自由，却被雅各宾派于1793年送上断头台。临刑前，罗兰夫人留下了一句为后人所熟知的名言：“自由，多少罪恶假汝之名以行！”[17]

在法国大革命中，“自由”是作为动员人民的一个强大思想武器和政治口号显现的，而在国王独裁统治被推翻之后，自由就变成新的当权者雅各宾派践踏人权的一个工具和借口，而这时的暴力和恐怖仍能被动员起来的革命者拥护。英国政治学者肯尼思·米诺格对此现象做了一个理性的解释："在政治语境中，自由就意味着不必生活在一个拥有生杀予夺大权者的统治之下。但这很容易滑入诡辩：如果自由就是不受限制，那么，假若我因为缺钱而无法做想要做的事，那就可以说，贫穷就是不自由。照这样推理，'自由'就滑向了'权力'，我们就会去拥立某个善良的独裁者，指望他来消灭贫困，使我们享有平等的权力。"[18]

今天，人类普遍获得了很大的政治自由，这是许多代人争取来的弥足珍贵的历史进步。毛泽东说："自由是人民争来的，不是什么人恩赐的。"[19]但如果滥用自由权利，只追求自己的自由而不尊重他人的自由，只追求本国的自由而不尊重他国的自由，那就是把自由仅仅视为一种达到其他目的的政治工具，永远无法达到马克思和恩格斯所期待的"一切人的自由发展"。

第二节　个人自由所受的政治制约

关于自由的一个悖论涉及一个很老的话题——自由与秩序的关系。现代社会渐渐拉开了人类追求自由的原始本能的闸门，已经没有能力关上它了。然而，现代人的生活意义不仅仅局限于个体自由、独立人格以及广泛的人权，同时也应当关注个人对家庭伦理所担负的义务、个人的道德品质、个人对社会和共同体的责任、个人对秩序的尊重等。个人自由不能妨碍公共秩序，最简单的例子就是无论步行者、骑行者、驾驶员，在道路上行使自由权利时都必须遵守交通规则。

我在这里重申本书第二章提出的一个观点："维护秩序本身是目标，但同稳定一样，秩序更是达到其他目标的环境和保障。"自由与秩序看起来同等重要，但实际上自由是更为根本的目标。有一句流行语说得很对："自由是秩序的目的，秩序是自由的保障。"秩序可以保障自由，也可以保障安全和公正。比如，遵守交通规则可以保障行人和使用交通工具者的安全和自由，还可以提高道路使用的效率。但不难理解的是，秩序不是自由的目的。只有好的秩序才能保证自由、安全和公正；不公正不合理的秩序，反而会损害自由、安全和财富的获得。

在现代社会，个人自由受到若干方面的政治制约。

（一）群体自由的制约

各国人民选择自己的政府及其领导人、参与立法和行政，实际上是把自由的原始意义运用于作为整体的人群，从而形成一种群体自由。一个民族或者国家要摆脱外族、外国的奴役，决定自己的命运，就是将自由的概念用于群体，形成民族自由或国家自由，也就是民族自决权和国家独立权。不言自明，个人自由的倡导者也会怀着同样的热情来支持民族自由和国家独立。19 世纪欧洲资产阶级争取自由的运动同民族主义运动相融合，就说明了这一点。

但是，对于民族自由和国家独立的追求并不必然增进个人自由。在一些政治体制下，政府要求民众服从一个单一的、压倒性的目标，即国家使命的实现。在这个体制的当权者看来，追求理想需要牺牲个人自由，如果这个理想足够高尚，那么多大的牺牲都是值得的。由于民族之间的差异和对抗，在有些情况下，人们宁可牺牲个人自由，选择一个本民族的专制君主以获得民族自由，而不欢迎一个由外族人领导的民主政府以保障个人权利。但是，追求民族和国家的自由权利，可能成为专制政府恣意限制个人自由的借口。

如此看来，民族自由与个人自由的关系表现为三种情况。

第一种是相辅相成的关系，即个人在本民族、本国家内部谋求自由、平等的尊严，与一个国家在国际体系中谋求自由、平等、独立是一致的，民族尊严和国家主权建立在个人自由的基础之上。这时的民族主义也必然受到自由主义的限制，不至于走向对内专制和对外侵略。

第二种是以名义上的民族自由、国家尊严为前提，而并非以个人自由为先决条件。统治者要求国内的个人自由服从于民族和国家的自由（实际上是统治者的自由），甚至把个人自由视作对民族、国家尊严的威胁，将个人自由的诉求斥责为“叛国行为”。此外，统治者以不干涉内政原则为由，压制国内的言论自由。这样，表面上追求国家在国际社会中的自由平等，就掩盖了国内的不自由、不平等。

第三种是民族受到外族或外国政府的压迫，未获得自由，并且民族内部的统治者又为自身利益而投靠外族，反过来还压制本族内部的个人自由。这时的个体自由和集体自由双重缺失，给人民造成深重的灾难。

（二）政府和法律的制约

当代西方思想家以赛亚·伯林做出的“消极自由”与“积极自由”的区分，对理解自由的政治局限性很有帮助。所谓“消极自由”就是不受干预，即个人不受外部因素的限制，可以按照其意志来行动。所谓“积极自由”就是不受限制的情况下个人能够实现其意志的能力，通常表述为个人发展和个人意志的实现。伯林说，坚持消极自由的人所关心的是“政府干涉我多少”，“我可以自由地成为什么，自由地做哪些事”；主张积极自由的人则关心“谁统治我”，“谁有权决定我是什么人？不是什么人？应该怎么样？做什么事？”[20]简言之，消极自由争取的是不让别人妨碍我的自由——“你别限制我”，什么党派或个人当政都无所谓，只要他们不妨碍我的自由选择。积极自由则以做自己的主人为要旨——“我来决定自己做什么”。坚持积极自由的人，不会甘做政治上的“逍遥派”，而会通过选举等方式参与政治活动，以图更大程度上决定自己的命运。

消极自由对应“小政府”主张，而积极自由则对应“大政府”主张。赞成消极自由的古典自由主义者认为，人是有理性、有智慧的动物，在涉及自己利益的问题上，能够根据自己的意愿做出明智的选择，如果不加限制和干预，每个人就能够发挥最大潜能，去追求和实现自己的幸福。建构一个社会的基本原则是，尽可能少地对个人行为进行干预。与消极自由相对应的是消极政府。政府作为公共权力，除了维持一般秩序外，对社会采取放任自由的态度是最好的，“管得最少的政府是最好的政府”。古典自由主义者非常警惕借用国家的名义对个人自由进行压制，他们认为对个人自由最大的威胁来自政府。在他们看来，政府的权力是人民赋予的，政府存在的意义在于保护个人的尊严和权利，如果政府违背了这一基本原则，就会失去其合法性的基础。个人自由是目的，国家权威是手段，为了维护个人自由，古典自由主义主张最大限度地限制国家权力，对政府必须实行分权和法治的原则。孟德斯鸠把限制政府权力、实现权力机构之间的制衡当作保障自由的先决条件。

支持积极自由的现代自由主义者认为，现代社会是复杂的，很多事情关系到整个社会，根本不是个人能力所能及的，个人能力不足会阻碍个人自由的实现，这就需要借助国家的力量促进个人的发展。与积极自由相对应的是积极政府，也就是“大政府”。政府应该为个人自由提供基本保障，甚至还应该成为人民幸福和福利的创造者，尤其是在经济管理领域的国家干预，可以扩大和保障个人自由，特别是照顾到社会中弱势群体的自由权利。这种观点构成了社会自由主义和福利自由主义的思想。现代自由主义者赞同政府干预经济和社会生活，建设积极的福利国家。英国政治学者戴维·米勒指出：“一个想增进选择自由的政府，可以通过鼓励社会多样性来做到这一点——让人们接触新的生活方式、新的文化形式，等等。”[21]

以积极自由标准来衡量，当今社会显然拥有比传统社会更大程度的自由。比如食物选择更加丰富，营养标准提高，可供选择的休闲、娱乐、文化、体育项目增加，人们可以乘坐便捷的交通工具去世界各地旅行，通过电话和网络同世界各个角落的人沟通，相对方便地转换职业和工作地点，更为自由、自主地恋爱择偶，等等。

以消极自由标准来衡量，和传统社会相比，现代社会的个人自由受到政府制约的程度实际上更大了。世界各国，包括所谓西方“自由世界”，对个人的管理和监控能力都显著增强。在殖民地年代，到海外移居、定居的手续比今天简单得多。当前先进通信工具、信息技术、互联网的发达，有助于政府部门的强力执法能力和国际合作。过去需要花费大量人力物力对公民进行政治监督，而如今人们利用现代智能技术、可以在无人状态下24小时全自动、全覆盖、全程监控，毫无遗漏地监视着人们的一举一动。美国政府利用其先进的信息技术对诸多国家的首脑、政府、官员和个人进行监控，搜集了包罗万象的海量数据，并从这些海量数据中挖掘出其所需要的各种信息。鉴于上述现状，当代国家的自由似乎在无限扩大，个人自由则受到越来越多的限制。古希腊哲学家柏拉图在《理想国》中借苏格拉底之口说："无论在个人方面还是在国家方面，极端的自由其结果不可能变为别的什么，只能变成极端的奴役。"[22]

从道理上讲，国家应当通过制定相关法律，逐渐公开不涉及国家安全、知识产权、商业机密、个人隐私的数据，让政府的工作在阳光下开展，处于全体公民的监督之下；但事实往往相反，某些政府部门和官员经常以国家安全和机密为由，拒绝政务公开，从而滋生各类腐败和损害公共利益的行为。

许多国家都加强了对新闻、出版、传媒的政治管理。出生于科威特的阿拉伯学者穆罕默德·鲁米西的研究发现，大部分的阿拉伯国家宪法，无论是永久宪法或临时宪法，都明文规定通信和新闻自由的权利，但这些宪法又以法条适用条件限制自由，它们有着不同的表达方式，比如，"在法律许可范围内""根据法律规定""根据法律规定的条件和情况""不得跨越法律禁区"。能保障国家建设走上正道的自我批判、建设性批判不复存在，其机制也不为人所了解和接受。这样，自由变得犹如神话中的凤凰一样不可企求。[23]

（三）信息技术特别是大数据的制约

除了政府的行政和司法部门对个人自由的约束和监督之外，掌握了网络信息技术和智能设备的公司、银行，还有形形色色的犯罪集团，都有能力以技术手段把人们的思想和行为以数据的形式记录下来，通过网络快速传输存储在云端之中，留下永久的数字记录。人们的个人兴趣、偏好、需求、社交圈、政治性投票等种种数据，以及这些数据的所有权、知情权、采集权、保存权、使用权、隐私权等，都越来越容易被滥用，这些权益的滥用也将会引发新的伦理危机，甚至可能引发巨大的政治危机。

（四）政治禁忌和宗教、社会、文化因素的制约

约翰·斯图尔特·密尔的名著《论自由》的要义是：只要不涉及他人的利害，成年人就有完全的行动自由，其他人和社会都不得干涉；只有当自己的言行危害他人权益时，个人才应接受社会的强制性惩罚。这就是密尔所划定的个人与社会的权利界限。当 1903 年严复第一次把《论自由》介绍到中国时，书名就叫“群己权界论”。这个译名是严复对密尔思想的很贴切的理解。但是，在实际生活中，个人与社会的权利界限划在哪里，是很难确定的。

当代世界的人们在族群、宗教、文化等方面的意识加强，在许多社会造成了“认同危机”（identity crisis）。这一趋势同传统的意识形态分歧、阶级斗争等纠缠在一起，通过网络媒体放大，威胁到许多社会的内部团结。人们的言论自由、新闻自由、出版自由等，必须越来越多地顾及社会中一些群体的感受，否则会遭受一定的社会压力，甚至引来杀身之祸。

2015 年 1 月 7 日，法国巴黎的《查理周刊》总部遭到“基地”组织暴恐分子的枪击，导致 12 人死亡。恐怖分子声称《查理周刊》

登载了侮辱伊斯兰教及其先知的图文。《查理周刊》及其支持者则坚称必须维护言论和出版自由。类似恐怖事件和争议在欧洲和美国出现过多起。非穆斯林妇女到沙特阿拉伯访问，如果不按照当地习俗在大街上和公共场所戴头巾、穿黑袍，将会遇到诸多麻烦，她们很难以“应尊重个人选择”为由，抵制此不成文的规定。与此形成对照的是，一些欧洲国家订立法规，禁止在公共场合穿戴布卡罩袍（主要为长袍、头巾加面罩，只露出眼睛）。这些法规针对的主要是穆斯林妇女，引起了许多穆斯林群体的抗议。欧洲吸收越来越多的来自伊斯兰社区的移民后，欧洲自由主义政党面临在尊重其他文化与尊重个人权利间的两难困境。有人主张国家应该主动促进西方价值、欧洲价值或是启蒙价值。

几十年来，由于社会中族群、宗教构成的变化和自由主义的流行，美国的“文化多元主义”在公共舆论中逐渐占据话语优势，多样性（diversity）的概念从族群、性别扩展到性取向。中国政治学者刘瑜把美国社会的“政治正确”文化，概括成“四项基本原则”：不能冒犯少数族裔，不能冒犯女性，不能冒犯同性恋，不能冒犯不同的信仰或政见持有者。美国版的这四项基本原则，概而言之，就是对弱者的同情和保护。[24] 有很多人，尤其是白人至上主义者和右翼保守团体，指责“政治正确”的文化侵蚀了美国的言论自由。刘瑜认为：“围绕着‘政治正确’展开的这种辩论，本质上，是自由社会里，求真与求善之间的冲突。维护‘政治正确’的人，试图在一个充满不平等的世界里，为弱者讨回公道。而反对‘政治正确’的人，试图打开一个没有思想禁区的世界，人们可以在其中尽情地追求真理、畅所欲言。”[25]

2017 年 8 月，多个“白人至上主义”团体在美国弗吉尼亚州夏洛茨维尔市游行，引发严重骚乱，造成人员伤亡，又一次引发了关于个人自由应当保持什么限度的辩论。近些年来美国国内的辩论包括：是否应当允许人们打出德国纳粹的旗帜和手势？是否应当允许有人蔑称伊斯兰教为“邪教”？焚烧美国国旗是否应被视为违法？是否允许对作为总统的奥巴马或特朗普进行带侮辱性的人身攻击？这些都是严肃的政治问题，关系到美国自由价值观和社会凝聚力。

在美国，围绕堕胎的法律和道德问题也政治化了。主张“选择优先”（pro-choice）的人认为，怀孕的女性应该保留自己选择是否堕胎的权利；而主张“生命优先”（pro-life）的人（其中许多是保守的基督徒），却认为无论以何种手段杀死一个生命（胚胎或有心跳的胎儿），都是谋杀，都是天理不容的，因为生命是上帝赋予的。在当今世界的很多国家，人们是否有选择安乐死的自由，是否有吸毒的自由，也是日益引起法律和政治争论的问题。

（五）公共卫生安全的制约

在新冠疫情期间，许多国家采取了一系列限制个人自由的措施。在全球范围，公共卫生安全对个人自由的制约达到了空前的程度，包括限制个人出行、集会（甚至家庭聚会），不得公开发表反对疫情防控的言论等。在有条件的国家，全民在公共场合必须佩戴口罩，意味着不愿意戴口罩的人不能出家门。在美国的多数城市，去公共餐厅吃饭、去旅店住宿、购买火车票或飞机票，必须出示已注射新冠疫苗的证明，有些场合还需要出示近期核酸检测或抗原检测阴性的证明。

新冠疫情期间，一些国家采取了数据收集和监控措施，许多人担心个人数据泄露和滥用。对于穷人、残疾人和其他弱势群体来说，许多疫情防控措施进一步剥夺了他们在医疗、教育、公共设施使用等方面的自由。

当代西方的一些机构对世界各国的言论自由、经济自由、媒体的自由度等都做过不少研究，其中比较著名的有美国非政府组织“自由之家”一年一度的《全球自由度报告》。该组织的2023年报告称，它所调查的世界195个国家和地区中，有84个“自由国家”，54个“部分自由国家”，57个“不自由国家”。[26] 2023年12月，美国智库卡托研究所和加拿大智库弗雷泽研究所联合发布《2023年度人类自由指数》，声称人类自由在新冠病毒大流行后显著恶化，许多地区的自由度都有下滑现象，包括移居自由、言论自由、集会结社自由、贸易自由等。[27] 在这些报告中，自由度最高的国家包括瑞士、丹麦、瑞典、新西兰等。其评价尺度是否客观，自然是众说纷纭，莫衷一是。这类调查主要考察的是政府对公民自由的限制，显然没有考虑个人自由所受到的社会禁忌、宗教信仰、公共卫生等方面的制约。

第三节　当代自由主义及其对立面

在本书探究的安全、财富、信仰、公正、自由这5个目标里，只有“自由”可以派生出一个“主义”。“自由主义”是从自由延伸出来的一种政治思想、一种意识形态。赞成“自由主义”的人一定推崇自由，但主张自由的未必赞成自由主义。

自由主义是一个极为庞杂、充满争议的思想体系。一般说来，自由主义是以自由作为主要政治价值的一系列思想流派的集合。当代自由主义的主张包括：保护个人思想自由，以共和制或君主立宪制为架构的自由民主制度，开放而公平的选举制度，以法律限制政府权力的运用，贸易和投资的自由化，以私有企业为基础的市场经济，族群、宗教、文化之间的平等和多元化，等等。当代自由主义包含许多不同的政治思想和主张，政治光谱分布非常广泛，从左到右都有。

一种比较流行的看法，是把自由主义划分为古典自由主义、现代自由主义、新自由主义。古典自由主义流行于自由资本主义时期，以英国的约翰·洛克和法国启蒙思想家卢梭、伏尔泰、孟德斯鸠等为先驱。在经济领域则以亚当·斯密等人的自由放任经济思想为代表，提出反对国家过分干预经济的重商主义。

现代自由主义以约翰·凯恩斯等人的思想为代表，主张政府适当干预经济、提高社会福利、争取平等权利。现代自由主义流行于20世纪中叶，推动了美国的罗斯福新政。但是，英国自由主义学者弗里德里希·哈耶克等人则认为极权主义的崛起是由越来越多的政府管制造成的，同凯恩斯学派意见相左。

另一位现代自由主义者、奥地利哲学家卡尔·波普尔在《开放社会及其敌人》一书中替自由民主制辩护，提倡开放社会的概念，主张政府以不流血的方式进行改良。波普尔认为，人类累积知识的进程是无法预料的，因此“理想政府”是不可能存在的，政治制度必须变通，以使政府的政策能随着社会的需求而调整适应，尤其是应该鼓励多元文化政策。[28]

新自由主义盛行于20世纪70年代之后，主张私有化、放松金融管制、限制政府权力，其经济政策主张在里根时期的美国、撒切尔时期的英国得到贯彻，冷战结束后集中表现在“华盛顿共识”之中。

还有一种划分方法，是把自由主义分为三类——政治自由主义、文化自由主义、经济自由主义。政治自由主义强调统治者与被统治者间的社会契约，在契约下公民制定法律并同意加以遵守；主张给予所有成人公民选举权，无论其性别、种族或经济状况；强调法治并支持自由民主制度。文化自由主义注重个人在道德观和生活方式上的权利，包括性自由、信仰自由、认知自由等议题，并保护个人免受政府侵犯其私人生活。一些文化自由主义者反对政府限制文学、艺术、学术、赌博、性行为、卖淫、合法婚姻年龄、堕胎、生育、酒、大麻及其他毒品。荷兰在这些领域可以被视为全世界最自由的国家。经济自由主义支持自由放任的资本主义体制，主张移除贸易壁垒以及政府施加的垄断和补贴特权。

在今天中国的政治语境里，“自由主义”和“自由化”通常带有贬义，例如毛泽东1937年写的《反对自由主义》一文所批评的自由主义[29]、邓小平所反对的资产阶级自由化[30]等。主张“华盛顿共识”、推动“颜色革命”的新自由主义更受到中国政治主流的强烈批判。一种观点认为，自由主义是资本主义推行自我永恒化的意识形态工具，占据了“话语霸权”的垄断地位，从而导致全球范围内严重的社会危机和两极分化。自由主义意识形态一方面是技术理性对社会和人的全面统治，另一方面是社会和人性的全面异化。

当今世界政治范畴中的自由主义，其对立面主要是社会主义、专制主义、保守主义、民粹主义、民族主义。自由主义所倡导的政治经济制度以当代欧洲、北美各国和澳大利亚、新西兰为代表，其政治倾向同中国等社会主义国家和许多被视为“专制”的发展中国家的政治思想形成鲜明对照，在此不再赘述。

保守主义作为自由主义的对立面，只有在西方政治发展的背景下才容易理解。保守主义起源于17—18世纪英国建立君主立宪制、法国建立共和制的时代。它同自由主义的不同之处，在于保守主义主张用温和渐进的方式实现社会变革。从这一意义上说，保守主义的对立面是激进主义而非自由主义。一些保守主义者认为，人生来就不平等、不自由；人的本性是罪恶的，所以必须节制自由。保守主义的代表人物——英国政治家埃德蒙·柏克，以及与他同时代的保守派，都批评法国大革命彻底破坏了秩序和自由的原则，认为推翻任何现有制度的运动只会为暴政铺平道路。保守主义的特点是要求崇尚过去，尊重传统，保持社会稳定，维护神权、王权和统治者的权威，反对激进的社会变革，更反对暴力革命。

随着西方国家民主共和制度和市场经济原则的确立，自由主义与保守主义由对抗走向融合。20世纪中叶以后，新自由主义和新保守主义的代表人物及核心思想出现了较大的重合。新保守主义所保守的正是古典自由主义传统，这一传统曾被凯恩斯主义所代表的现代自由主义抛弃。新保守主义保留了自由主义的内核，却呈现出保守主义的形式。新保守主义者探讨了机会平等与结果平等、自由与平等、效率与公平的关系问题。他们认为，现代自由主义的国家干预政策，力图调节人们的收入差距，以得到结果平等，这反而将危及机会平等和人们自由竞争的权利，影响生产效率的提高，并且会降低人们创造财富和创新技术的积极性，使那些工作勤奋、创造力强的人去养活那些倚靠社会福利而生活的人，这是不公正的，甚至可能导致政治上的专制。

自由主义和保守主义的融合趋势，在当代美国最为明显，即保守主义所保守的是美国的自由主义传统，特别是白人盎格鲁-撒克逊新教徒的“瓦斯普”[31]传统。新自由主义所倡导的，正是以传统保守主义的方式来维护自由主义的发展。20世纪80年代美国总统里根和英国首相撒切尔掀起了一场“保守主义革命”，他们的施政理念被一些人称为“新保守主义”，又被另一些人称为“新自由主义”。

近些年来，民粹主义思潮在美国、欧洲和很多其他国家兴起，对冷战后占有强大话语优势的新自由主义形成猛烈冲击。同其他一切政治概念一样，“民粹主义”也有不同的界定和解读。在本书里，民粹主义指的是在社会中下层流行的一种政治思潮，其特点是对政治精英和知识精英思想的叛逆，对公正缺失、贫富分化的强烈不满，以及对平等理想的追求。民粹主义（populism）也可称为平民主义，与精英主义（elitism）相对立。民粹主义表面上以人民为核心，但实际上缺乏公民个人尊严与个人基本权利的观念。民粹主义者崇拜“人民”，但他们崇拜的往往是作为一个抽象整体的“人民”，而对组成“人民”的一个个具体的“人”却持一种蔑视的态度。民粹主义者反对权威，但他们中间很多人又容不得反对派，甚至容不得“旁观者”。

目前民粹主义在全世界流行，是以5个全球发展趋势为基础和背景的。

第一，世界人口发展失衡，跨国、跨区域人口流动加速，城市化瓶颈突出。发达国家的老龄化减缓了其经济发展速度，增加了社会福利负担、养老保障和公共卫生支出；人口增长快的发展中国家则出现了青年的高失业率，孕育着社会动荡和暴力行为。

第二，全球人口加速流动，促发了许多群体的认同危机。中东等地区和国家的部族、教派矛盾日趋严重，极端主义和民族分离主义涌现。在欧洲，来自北非、土耳其、巴尔干等地的移民中，有相当数量的穆斯林和其他少数族群，他们难以融入欧洲当地社会，深化了文化、语言、种族、宗教、政治方面的认同危机。原住民对新移民普遍存在排斥、歧视的心理，很容易受到右翼保守势力的蛊惑。历史上，相邻而居的人群多数属于同一个族群，信奉同一种宗教。现在，一部分人因战乱或贫穷而远离家乡，客居完全陌生的他国；另一部分人则发现在自己熟悉的城镇和社区突然出现了大批在种族、宗教、文化上完全不同的人群。这些群体之间的隔阂和相互碰撞的程度是史无前例的，需要长期甚至几代人的磨合，才能处理好关系，形成新的社会认同。尤其在所在国经济低迷、政局不稳的情况下，大规模移民和难民的涌入越发加深了原有的社会矛盾，引发骚乱和暴力活动。

第三，全球财富分配不均和一系列社会公正缺失现象，严重影响社会稳定，加重政治极化。2008 年爆发的西方金融危机揭示了当代资本主义的深刻矛盾。随着世界经济增长放缓，财富分配不公所带来的矛盾更加突出。

第四，全球经济失衡现象难以扭转。新兴国家制造业和能源资源产业日趋发达，但仍依赖发达国家的投资、服务业和技术创新。新兴国家同发达国家的经济差距在缩小，但新兴国家同后进的发展中国家之间的差距在拉大，造成发展中国家内部分化。一些国家由于种种原因造成的经济衰退、社会溃败、政治失控将会持续。全球经济发展失衡的现象，使许多国家和群体都出现了诿过于外（包括外国和外来移民）的情绪。

第五，社交媒体迅猛发展，个人和群体作为政治参与者的力量上升。社交媒体是一把双刃剑，既能加强教派、族群、国家内部的向心力，又能加深多元社会里的思想分化和群体分裂。网络是思想文化的集散地和社会舆论的放大器。个人和大大小小的群体通过社交网络聚在一起。不同群体和个人可以对同一事件有完全相反的看法，做出迥然不同的价值判断。国家权力分散下移，社会治理的不可测因素急剧增加。形形色色的民粹主义思潮通过网络迅速传播扩散，冲击着传统的政治逻辑和国家权力界限。

民粹主义本身不能成为政治信仰，但它同传统信仰一样，有其道德上的合理性和感召力，也有其政治上的颠覆性和破坏力。在西方民粹主义者眼中，本国的弊病是给予外国商品和外来移民的自由太多了，给予提倡族群平等、同性恋合法的权利太宽了。西方过去几十年在各个领域内自由化程度快速提高，却同时也为自己积累了潜在的反抗力量。美国的特朗普等政治家有效地发动这些反抗自由化的力量，通过民主选举的手段获取管理国家的权力，力图遏制各个领域自由化的速度。

在欧盟成立和美国总统克林顿执政的20世纪90年代，经济全球化带来的一时繁荣与稳定掩盖了深层的族群矛盾和阶级矛盾，也暂时淡化了民族主义情绪。现在，民粹主义和民族主义可谓孪生兄弟，相互呼应，同时上升。英国“脱欧”公投、特朗普通过呼吁“美国优先”等口号当选美国总统，皆是民粹主义和民族主义相互融合的产物。由于西方国家整体上仍处于世界政治、经济、文化、军事方面的优势地位，并借以干预非西方国家的内部事务，发展中国家的许多民众很自然地将社会不公问题归咎于美国及其他西方国家。发达国家的民众，也很容易把他们对现实的不满归咎于外来移民和发展中国家的崛起。因此，民族主义的感召力更加强大，西方同非西方的分野依然鲜明。

在国家层面，面对左右两方面的民粹主义压力，西方各国政府和政治精英需要在选举制度、议会制、中央政府同地方的分权、公众对政府的监督等方面进行大幅度改革。这类改革短期内无法取得显著成效，甚至可能激化矛盾。冷战结束后采用多党制的“转型国家”和发展中国家，在民主化进程中不断发生种种乱象，包括贿选、腐败、暴力冲突、政治对立等，甚至可能出现原先政体和强人政治的回潮。

各国民众对现存政治建制及为后者建言、辩护的知识精英，怨言越来越多。一些知识精英和利用反建制情绪的政客，则煽动排外情绪和民族主义。于是，民粹主义和民族主义正在形成一种新的“政治正确性”。在国内治理不力、政治极化严重的趋势下，排外情绪越强烈、对外政策表态越强硬，就越容易得到国内舆论支持；然而，鼓吹本国第一和实施贸易保护主义，既无助于解决国内经济下滑、公正缺失的问题，又会造成内外交困的恶性循环。这些都对冷战后在全球形成的自由主义思潮构成了根本性的挑战。

尽管受到民粹主义、民族主义、种族主义、宗教极端主义等思潮的强烈冲击，自由主义作为一种价值体系，以及它所依托的经济政治制度，在当代资本主义世界仍然具有无可取代的地位。

第八章

五大目标的相互关系

第一节　政治目标的排序和选择

那么，我们能否把上文所讨论的安全、财富、信仰、公正、自由五大目标，按照其重要性排出顺序？我的回答是“不能”。一般情况下，也许可以把涉及个人、群体、国家生存的安全问题放在政治目标的第一位。但是，美国独立战争时期，有“不自由，毋宁死”[1]的家喻户晓的名言；匈牙利诗人裴多菲·山陀尔的诗句“生命诚宝贵，爱情价更高。若为自由故，二者皆可抛”[2]，也一直为人称颂。裴多菲本人还为争取国家自由而牺牲在沙场。可以说，即使是生命的安全，在某些情况下也要让位于其他目标。

历代政治家、思想家和学者，都会承认国家是最重要的政治行为体。但是，国家最重要的目标和存在的意义，究竟是维护安全和稳定、促进国计民生、维持共同的信仰、捍卫公平正义，还是维护公民的自由权利，政治家和学者很可能各执一词，而且每一种观点都可以找到重要的历史人物作为其代表。许多事实说明，为了一个终极目标而放弃（至少是暂时放弃）其他目标，在政治斗争中是经常发生的，但这种斗争往往导致社会失衡以致灾难。所以，我认为五大目标是并列关系，难分主次。

人类共同追求的五大基本政治目标之间，理论上应当是相互促进的，实践上却往往不能融洽共存。为了自由、平等、公正、信仰（或以这些价值为借口），群体之间、国家之间往往不惜诉诸武力，牺牲和平、安全和财富。个人自由与人人平等，也经常不能兼得。个人、群体、民族、国家可能有不同的信仰体系，但都倾向于认为自己的信仰是最崇高的、不可剥夺的。政治的团结和谐与冲突对抗，也因信仰而产生。

当代中国人都会认为，实现祖国富强、民族复兴、人民幸福是国家的崇高目标。但是不可否认，世界上许多有政治影响力的人并不将本国的富强视为己任，或者并不将自己所在的国家视为最重要的忠诚对象。冷战结束后不久，美国政治学者亨廷顿提出了“文明冲突论”。他以宗教信仰来界定“文明”，特别描绘了西方文明和伊斯兰文明在冷战结束后重新燃起的对抗。“文明冲突论”的谬误之处已经越来越明显，但是亨廷顿关于宗教信仰对国际政治产生巨大冲击的论断，仍然掷地有声。“文明冲突论”的前提是：宗教信仰、文化传统、族群归属感、价值观、意识形态等种种精神因素，同经济利益、国家实力等物质因素相比，前者更能影响政治动机。亨廷顿说：“在现代世界上，宗教是鼓励和动员人们的一个重要力量，甚或是最重要的力量。”[3]

欧洲和中东历史上野蛮的、持续不断的宗教战争，凸显了和平、安全、财富与信仰之间的关系。宗教战争背后往往有争夺资源和财富的动机，但是近年来一些宗教极端势力的残暴行为，却未必有明确的物质利益考虑，而是用某种信仰来蛊惑人心，达到政治目的。受到某种“信仰”驱使的极端分子，心目中只有他的“神”，藐视任何其他道德标准和物质财富。这种现象，从一个侧面反映了亨廷顿论断的事实依据。

我这里讲的五大政治目标无法按其重要性排序，只是一种基于当代全球范围内政治活动的学术思考，不等于说具体的个人、群体和国家没有目标排序的考虑。从事实际政治活动的人，不管是西方国会议员，还是领导人或基层官员，是一定会给自己的工作目标排序的，特别是在公开场合，只不过他们的排序可以做得很巧妙、很平衡。他们每去一个具体部门考察或游说，都会说：“你们的工作最重要，排在第一位！”事实上也确实如此：财政部门、国防部门、司法部门、内部安全部门、新闻与公共关系部门等，哪一个方面的工作不是第一位的？美国总统和国务卿到日本访问，会说：“没有一个国家比日本对美国更重要，没有一个双边关系比美日关系更重要。”他们到中国来访问，又会说：“对美国来说，没有一个国家比中国更重要，没有一个双边关系比美中关系更重要。”这话既是事实陈述，更是外交辞令。并列第一就等于没有第一。不过，议员、政府领导人和外交官员都会清楚地知道，在具体的场合、具体的时间段，哪件事情对他们来说才真正是第一位的。

在国际政治中，如何在国家对外政策各个目标之间排出轻重缓急很重要，但又很难确定。比如，韩国有好多个不同的外交目标：它受到朝鲜的武力威胁，特别是核武器的威胁，所以需要加强国防，特别是努力阻止朝鲜发展核武装；若发生南北之间的武装冲突，韩国会损失无可估量的财富，更会造成无数国民伤亡，所以必须努力维护半岛和平，改善同朝鲜的关系；朝鲜经济落后，人民生活比韩国困难得多，双方还有不少朝鲜战争造成的亲人离散，韩国的人权、宗教等机构，要求政府对朝鲜施加更大的压力，迫使其改变国内政策，甚至要求推翻朝鲜现政权；朝鲜半岛南北分裂已经近70年，实现朝鲜民族重新统一是几代人的心愿，也是韩国历届政府的承诺；联合国安理会通过了多次决议，要求对朝鲜采取严厉的制裁措施，但执行这些决议会伤害同朝鲜的关系和韩国许多公司财团的经济利益；美国是韩国的军事同盟，提供必要的安全保障，要在韩国部署“萨德”反导防御系统；中国是韩国最大的经济合作伙伴，对朝鲜半岛的政治、安全、经济事务起着重要作用，却坚决反对部署“萨德”系统。于是，朝鲜无核化、半岛和平稳定、促进北方政治变化、争取南北统一、维持韩美军事同盟、维系韩中友好合作，都是韩国要达到的目标，其历届政治领导人都不能放弃其中任何一个。还有很多国内政治目标，包括保持经济繁荣、增加就业、改善民生、惩治腐败、公正平等、法治尊严等，也不能丢弃其中任何一个。一个国家、一个政府，面临这么多长远目标和当前任务，应当怎么做？各类国内利益集团和党派，中国、朝鲜、美国、日本等不同的外部政治力量，对上述政治目标有着十分不同的理解和主张，都在向韩国现政府施加压力，期待其做出一个有利于自己的战略选择。

设身处地为一位像韩国总统这样的政治家考虑，我认为，在诸多选择面前，最好的办法是不做明确的战略选择，而是见什么人说什么话，在什么场合说什么话，见招拆招，平衡稳妥地处理每一件事。在公开演说中，则必须说一些空话、套话、原则性的话，面面俱到。在韩国总统文在寅 2017 年 5 月 10 日的就职演说中，他就把上面谈到的政治目标毫无遗漏地囊括其中，还特别强调了公平、公正、平等，但绝口不提这些目标之间的矛盾。至于执政的总体设想，文在寅是这样说的："我们立志要建设的新大韩民国，是先辈们即使历尽挫折失败也从未放弃过追求的伟大国家，是我们的年轻人们承担了无数牺牲和献身也一如既往想要去实现的伟大国家。"[4]

从一定意义上说，政治就是社会前进的导航。如果终极目标不是一个，而是五个或者更多，那么政治家个人、政党和国家，就只能把几个目标融合在一起，包装成一个"理想"或者"梦想"。于是，通向导航目标的道路只能是曲折的，有时需要停歇，有时需要观望，有时甚至需要逆行。关于这个问题，英国政治学者米诺格有一段话说得很到位："某一种政治是靠理想来导航的。问题在于，我们很明显只能靠某一颗星导航，我们不可能朝着天上不同方位的好几颗星辰行驶。也就是说，谁若主张靠某一颗而不是另一颗星导航，他就必须证明唯有那一颗星能指引我们实现所有人的奋斗目标。然而因为我们这些人奋斗的目标常是相互矛盾的，所以要么让一部分人放弃他们的奋斗，要么就须放弃某些目标。因此，我们总是通过调整对相互矛盾的奋斗目标的判断来确立政治方向。在政治中理想是重要的，但现实最终必将为我们确立奋斗的方向，以及前进的速度。"[5]

五大目标之间，可以列出十个双边关系。实际上，这五项之间在内涵与外延上都有交叉重合，所以依次讨论十个双边关系会显得既烦琐，又缺乏实际意义和针对性。所以，我在这里只探讨安全与其他几个目标之间的关系，以活跃思想。

第二节　安全与财富

安全与财富可以相互促进，那么“和平与发展”相互促进是显而易见的。习近平总书记指出，贯彻落实总体国家安全观，必须“既重视发展问题，又重视安全问题，发展是安全的基础，安全是发展的条件，富国才能强兵，强兵才能卫国”[6]。

反过来看，人们很容易想到贫穷与暴力的相互关联。“光脚的不怕穿鞋的”，说的是一无所有的穷人，很容易诉诸暴力来表达对社会不公的不满，并掠夺其他人的财富。因此，要减少暴力的发生、加强国内安全，应当发展经济、减少贫困。美国政治学者亨廷顿通过研究发现，政治稳定的国家，多数是相对富裕的国家；现代化发展程度较高的国家，国内暴力事件较少。但是他同时指出，贫困国家想致富、走向现代化，其过程更容易产生暴力和动乱。亨廷顿说，政治动乱在20世纪的亚洲、非洲、拉丁美洲到处蔓延，是因为那里的“现代化进程过快”，想在短时间内毕其功于一役，完成欧洲和北美洲在几个世纪里才完成的现代化进程。[7]

一些研究成果表明，经济增长同政治动乱之间的关系，因国家的经济发展水平不同而变化。经济发达的国家，经济增长越快，政治越稳定；经济发展水平中等的国家，则二者之间无明显关系；在经济发展落后的国家，增长率高反而容易导致动乱。其原因是：穷国的财富和收入分配一般比发达国家更不平等。当经济快速发展时，先富起来的往往是特权阶层，而特权阶层又往往支配着本应作为社会平衡器的政府，使收入分配进一步向富人倾斜，导致更大的不平等。这时民怨沸腾，一旦有鼓动造反的政党、组织或外部势力进行社会动员，政治动乱就发生了。[8]

暴力会阻碍经济发展，和平能促进财富积累，是不言自明的道理。和平的国家可以成功摆脱贫困，而贫困现象集中于那些被内战、族群冲突及有组织犯罪撕裂的国家。1994 年的卢旺达内战和种族大屠杀，给卢旺达带来了巨大灾难，使这个原本贫困的国家雪上加霜，大批劳动力丧失，国家经济崩溃，财政枯竭。内战结束后，卢旺达经济逐渐恢复。从 2012 年以来，卢旺达的国内生产总值年均增长超过了 6%，[9] 曾多次被世界银行等国际组织列入“撒哈拉以南的非洲地区改革步伐最快的国家”。

此外，安全与财富这两大目标，也可能产生矛盾。世界史上的财富积累过程，特别是资本原始积累的过程，充满了暴力掠夺、边界纷争和战争。大国“和平崛起”的先例不多。日本和德国在二战前分别是亚洲和欧洲最强盛的国家。日本的重工业特别是汽车工业，已经达到欧美先进水平，造船总吨位居于英国和美国之后，居世界第三位。日本建立了先进的飞机制造工业、发达的全国交通运输网，民用消费品生产技术突飞猛进。中国东北地区变为日本重要的工业基地，缓解了资源短缺的问题。1933—1939 年，德国重工业和军火工业增长 2.1 倍，消费资料生产增长了 43%，国民经济总量增长超过 100%，同时完成了全国高速公路网建设，重整了重工业基础体系，还装备了一支现代化军队。德国仅仅用了 6 年时间就超越了当时的英国和法国，成为欧洲头号强国。然而财富的迅速增长也助长了日本和德国的扩张野心。它们以保障本国安全为借口，分别在亚洲和欧洲发动了侵略战争，最终惨遭失败。

财富是有限的，安全需求是无限的。一个国家要动用多大的物质财富来满足自己的国家安全和维稳的需求，即“要大炮还是要黄油”的问题，是近代以来每一个主权国家都需要考虑的。

朝鲜是个穷国，却一直采取“先军政治”，即以军事为第一国事，以军队为国家的骨干。朝鲜历届领导人多次强调，“国家财政再困难，也要优先保障国防费用的支出”。朝鲜正规军人数在总人口中的比例世界第一，军费在国内生产总值中所占的比例世界第一。朝鲜人认为，国家的命运不是取决于幅员大小和人口多少，而是取决于军事力量。建设强大的军队，是增强总体国力的关键。朝鲜军队要誓死保卫领袖，防止敌对势力从军事、政治、经济等各方面渗透。

不难想象，朝鲜领导人对军事力量和核武器开发的高度重视，也是基于稳固国内政权和维护领导人权威的政治考虑。但是，以损害经济发展和人民生活水平提高为代价发展军事力量，同时对外炫耀武力，究竟是有利于国家安全还是损害国家安全？

俄罗斯国防开支同经济建设的关系，也是值得探讨的问题。冷战时期，苏联同美国进行长期军备竞赛，耗费了巨大的财富。在某种程度上，苏联是被过度的军事开支拖垮的。一个有争议的观点是，俄罗斯是一个“战斗民族”，由于其国土辽阔、人口密度低，容易受到外来侵略，历史上发生的战争特别多，所以需要比一般国家更大的国防投入。

冷战结束后，俄罗斯在20世纪90年代进行了两场耗资巨大的车臣战争，2008年同格鲁吉亚发生了短暂的边境战争。在2013年开始的乌克兰危机中，俄罗斯从占领克里米亚开始，先后在东乌克兰和叙利亚开始了大规模军事行动。俄罗斯近年来经济下滑，却仍然保持相当高的军事开支。2016年俄罗斯国内生产总值在全球排名第12，国防预算的全球排名第5。近来，俄罗斯显然感受到军费对经济的压力难以承受。2017年6月，俄罗斯总统普京表示：“当前最重要的不是国防建设，而是维持俄罗斯经济的平稳运转。我们在建设精锐、现代化的军队上已经花了足够多的钱，去年我们的国防经费开支超过了国内生产总值的3%。这一比例对俄罗斯来说有点过高了，未来三年我们的国防开支将逐步降至国内生产总值的2.7%～2.8%。”[10] 由此可见，普京懂得军费提高未必能带来更大的国家安全。

冷战结束后，克林顿总统治下的美国一度享受“和平红利”，即通过缩减军事开支，获得了较快的经济增长。然而到1999年前后，美国因进行科索沃战争等原因，又开始增加军事开支，国防预算曾经达到所有其他大国军费的总和。尽管拥有如此强大的军事力量，2001年美国还是在本国领土遭遇“9 · 11”恐怖袭击事件。2017年特朗普执政后，大幅削减国务院预算和对外援助，却大幅增加军费，还要求其欧洲和东亚的军事同盟国家提高国防预算，以分担美国的安全压力。特朗普政府向欧洲国家大力施压，要求它们的军费预算达到国内生产总值的 2%。目前，美国支付了大约 70% 的北约军事联盟预算。许多年来，美国国防开支占国内生产总值的比重都在 4.4%～4.8% 之间徘徊。北约盟国中只有希腊、英国、爱沙尼亚、波兰达到 2% 的标准，德国只有 1.2%。许多年来，日本军事开支占国内生产总值的比重都低于 1%。

做出以上比较，不能不提出一个问题：国家增加对国防的财政投入，在多大程度上能更好地保障国家安全？德国和日本的军事开支占国内生产总值的比例那么低，是否意味着它们没有美国或俄罗斯安全？

显然，我们找不到这一问题的简单答案。能够肯定的是，一个国家是否安全，同它将多少财富用于发展军事力量没有直接关系。另一个值得注意的相关现象是，具有政治影响的利益集团以加强国家安全为由，从大国政府获得巨额款项，研发或采购先进武器，中饱私囊。美国德高望重的二战英雄艾森豪威尔在 1961 年其总统任期结束时，出人意料地告诫美国人："在政府圈子里，我们必须警惕军事-工业综合体有意无意地获取不正当的影响。灾难性地滥用权力的潜在危险不仅存在，而且还会继续。"艾森豪威尔所说的"军事-工业综合体"滥用其影响力游说国会和政府增加军费的现象不但依然存在，而且有愈演愈烈之势。夸大中国对美国的"安全威胁"的人，背后往往是 + 强大的军工集团。

"落后就要挨打"，是在许多中国人心中根深蒂固的观念。一部中国近现代史课本，似乎就为这个论断提供了有力佐证。其实，纵观世界历史，不难看出这一观点的片面性。一个来自蒙古草原的草莽英雄成吉思汗，既没有雄厚的资产，也没有先进的武器，“只识弯弓射大雕”，居然不仅打到了今日中国的北方，还远征到中东欧和黑海、地中海沿岸，难道是因为那时的宋朝和诸多欧亚文明古国比蒙古帝国“落后”，所以挨打吗？日本 1941 年偷袭珍珠港、本·拉登领导的恐怖分子撞毁纽约世贸大厦时，“挨打”的美国远比日本和“基地”组织强大。当今世界上的许多后进国家，不担心挨强国打，它们更担心的是内乱和贫穷。许多中国人认为，“国力不强，就要挨打，国家富强了，谁都不敢再打中国”，实则落入了“弱肉强食”丛林规则的简单逻辑，忽略了政治制度优势、道德高地、社会和谐、民族团结的重要性，忽视了软实力在世界政治中的权重。

安全与财富两大目标的矛盾，正越来越严重地表现在非传统安全领域。在新冠疫情期间，各国都出现了生命权（包括公共卫生安全和个人生命安全）和发展权（国家、企业和个人的经济利益和企业的经营权利）之间的两难困境。从表面上看，这个特殊时期的安全考虑当然应当压倒经济考虑。为了防控新冠疫情，必须暂时关闭部分商业场所，牺牲部分经济利益。但是如果疫情防控时间过长、措施过分（例如医院等卫生机构因防控新冠疫情而忽视其他疾病的治疗，或强制人员隔离和暂时搬迁），不仅损害企业和个人的物质收益和财富，而且也会造成对人身安全的破坏。企业和个人经济上受到的损失如果得不到及时的相应补偿，就会激化矛盾，引发社会动乱。因此，一些国家的政府在新冠疫情期间直接向企业和个人发放现金补贴，以平衡安全与财富的关系。

在经济发展过程中，不可避免地会造成各类环境污染问题，也会引发气候变化，并由此损害人类健康，减少生物多样性。我们悲哀地看到，自近代欧洲工业革命以来，人类财富的积累同生态环境的破坏是完全同步的。发展现代工业、农业和第三产业，都需要扩大制造业和基础设施建设，耗费大量自然资源。在经济全球化时代，大量高能耗、高污染的产业，从发达国家转向发展中国家。中国、印度等制造业大国，也同时是生态环境受害最严重的大国。

关于环境污染给中国带来的经济损失，有不同的评估报告可以参阅。一个相对权威的说法是，2011 年，环境污染损失占中国每年国内生产总值的比重高达 5%～6%。[11] 这些损失包括两类：一类是财产性损失，如企业的污水处理成本、农渔业的收成损失、部分生态损失；另一类是健康损失，包括环境污染造成疾病所产生的医疗费用，计算起来更加困难。据英国媒体 2016 年 4 月报道，按照一项科学评估报告，气候变化将导致全球金融资产损失 2.5 万亿美元。[12]

第三节　安全、信仰、公正、自由的互动

在追求安全、信仰、公正、自由这四大目标的过程中，可以形成良性循环：在一个安全稳定的社会环境下，人身自由、经济自由得以促进，公民的信仰自由得以保障，社会公正通过民主法治得到实现，反过来又保障了国家的安全和稳定。但是必须了解到，安全、信仰、公正、自由四者在一定条件下又是相互矛盾的：要保障国家安全和社会稳定，必然要约束个人自由（比如对网络的管理和

监控）；在社交媒体和其他交往中，个人权利的扩展极易产生对他人名誉、权利、自由的损害，从而造成不公正现象；由于信仰总是排他的，不同信仰的人群生活在同一个社会里，总会有“磕磕碰碰”的事，损害到人身安全，影响到国家统一与安全；如果国家政权掌握在持某种信仰的人手里，那么持其他信仰的人可能强烈地感觉到不公正、不平等、不自由。

在世界政治史上，个人不自由、民族不自由、社会不公正导致的暴力抗争、武装革命、国内和国际战争，比比皆是。阶级压迫、民族压迫、宗教迫害、殖民统治，都会引发激烈的反抗，统治者则以维护国家安全为由进行暴力镇压。

近十几年来在东欧、中亚、中东发生的“颜色革命”和“阿拉伯之春”，都体现出自由、公正的诉求与国家安全稳定之间的紧张关系，以及可能出现的恶性循环。2011 年年初，突尼斯和埃及先后发生政局动荡，被西方国家称为“阿拉伯之春”。紧接着，叙利亚爆发了巴沙尔·阿萨德政府与叙利亚反对派之间的严重冲突，一直发展为旷日持久的内战。叙利亚多年的内战导致大量民众流离失所，家破人亡。据统计，截至 2016 年，约 25 万人死于内战，约 1 100 万人沦为难民，不少流亡到周边国家和欧洲。[13] 阿萨德政府宣称其目标是维护国家安全、稳定、团结、统一，反抗西方用强权干涉内政。该政权得到俄罗斯、伊朗等国家支持。叙利亚反对派由庞杂的团体构成，唯一的共同目标是推翻阿萨德政府。反对派指责阿萨德政府只代表占叙利亚人口少数的阿拉维派（什叶派的一个分支）穆斯林，要求建立起一个能够公正代表不同族群、不同宗教和教派的政府。叙利亚反对派得到美国、沙特阿拉伯等国家支持。此外，在政府和反对派之外，还有“基地”组织、“伊斯兰国”极端势力、要求获得自由和独立的库尔德人组织等等。在阿萨德政府眼里，不打垮反对派及其武装，就无法维护国家安全和统一；在反对派看来，只要阿萨德政府还在台上，就谈不上公正、自由与和平。他们都企图占领道德高地，其实都有道德缺陷。

安全、信仰、公正、自由之间的道德困境，在中东的巴以冲突问题上表现得更为淋漓尽致。几十年来，巴勒斯坦和以色列之间以暴制暴，带来了双方的无数伤亡和巴勒斯坦人的流离失所。对抗和冲突的双方都说自己的暴力行为是维护自身安全，追求公正、平等和自由。

巴以冲突有着深刻的历史根源。早在公元前13世纪，以色列人的祖先希伯来人就来到巴勒斯坦地区，在这里建立了犹太国家。后来外族不断入侵巴勒斯坦地区，导致大批犹太人流亡外地，大部分迁徙到了欧洲。犹太人在欧洲又遭受当地民族的压迫和排挤。到了二战时期，纳粹德国对犹太人的屠杀和迫害令人发指。反法西斯战争结束后，在英国、美国等国家支持下，分散在世界各地的犹太人纷纷“返回故土”，在巴勒斯坦地区“复国”，于1948年建立了以色列国，并在来年得到联合国承认。在以色列人及其支持者眼里，以色列建国代表了犹太民族重获公正、自由、独立，在历次同阿拉伯国家的战争中维护了自己的安全。以色列的道德优越感，还以强大的军事、技术、经济实力为支撑。

但是，阿拉伯人在巴勒斯坦地区居住的时间也长达千年，犹太人二战结束后强行移居巴勒斯坦地区，导致大批巴勒斯坦的阿拉伯人流亡在外。巴勒斯坦人不应为历史上犹太人所受的排挤和破坏承担责任，却因以色列“复国”而被赶出家园，这是不公平的。以色列人不但一开始就占领了巴勒斯坦地区大片肥沃的平原和淡水资源，而且在建国后的60多年里，不断以各种手段蚕食巴勒斯坦人居住的区域。在以色列和阿拉伯国家进行的5次中东战争中，以色列受到西方国家支持，全部取得胜利，并获得更多领土。以色列还长期实际控制着伊斯兰教、基督教、犹太教均视为圣地的耶路撒冷。以色列对巴勒斯坦人采取了许多歧视政策。

由于宗教、土地、资源、历史等种种问题的纠缠，巴以冲突延续至今也无法找到适当的解决途径。在和平、安全、公正、平等、自由、宗教信仰等诸多方面，冲突双方都认为自己有道义上的充足理由，应该能获得本民族和国际社会的支持。更复杂的是，巴以冲突经常被视为全球伊斯兰文明同西方文明之间“文明的冲突”的一个缩影。尽管巴勒斯坦人不能代表伊斯兰文明，以色列更不能代表西方文明，实际的政治斗争现状，却是由以色列及其国际支持者在实力和话语权方面的强势、巴勒斯坦及其国际支持者的弱势所决定的。在2023年10月巴勒斯坦激进组织哈马斯武装突袭以色列。以色列在加沙地带的反击造成大量人员伤亡，特别是妇女和儿童的伤亡，引起了包括以色列的传统支持者美国、英国等国家政府和舆论的谴责。

法国大革命时提出的响亮口号“自由、平等、博爱”，以及很多关于政治话题的日常谈论，使人们往往把自由与平等、公正相提并论。其实在学理上和实践中，三者之间存在很多悖论与不和谐之处。[14]美国历史学者杜兰特说："'自然'对我们梦想中的自由与平等的结合付之一笑。因为自由和平等是永恒的不共戴天的仇人……若要防止不平等的增长，就必然要牺牲掉自由，正如1917年以后的俄国那样……只有经济才能处于平均水平以下的人，才会渴求平等；只有那些才智高超的人，才会渴望自由；最终的结果总是智力更超群的人得偿所愿。"[15]

为什么杜兰特说"自由和平等是永恒的不共戴天的敌人"？他解释说，就生物学中的自然法则而言，人人生而不平等，性别、体力、智商都是有差异的。如果每个人都自由发展，而社会不对天生的弱者进行某种照顾，平等就无法实现；反过来看，如果要实现平等，就必须限制某些人的自由。因此，弱者和弱势群体往往主张平等，而强者要求自由。

还可以设问：表面上看起来是"自然法则"决定的不平等，是否可能是社会不平等所带来的后果？比如，出生时就不健康的婴儿，可能由于家庭贫穷、父母缺乏营养所致。可以说，"先天"的不平等与"后天"的、社会造成的不平等不能截然分开。

关于自由和平等的关系，卡尔·波普尔提出了著名的"自由悖论"，认为自由比平等更重要："自由如果意味着每个人都可以随心所欲而不受任何限制，那么，一些人就会'自由地'支配甚至奴役其他人。'自由'反而成了'不自由'的根源……但是，不能用牺牲自由来换取平等。为了控制经济上的不平等而取消自由竞争不能达到实现经济平等的目标。因为'自由比平等更重要……假如自由失

去了，那么在没有自由的社会中也不会有平等。'" [16]

萨托利在论述平等和自由的关系时，也主张“从时间和事实上来讲，自由应当先于平等而实现”。他的理由是：如果没有自由，人们连提出平等的发言权都没有；如果有一种先于自由而存在并与自由无关的平等，那就是奴隶之间的平等，或者地位卑微的人之间的平等，但这与我们所珍爱的平等毫不相干。[17] 中国学者刘瑜在分析美国人民争取社会平等斗争取得成果的原因时说：“在这个意义上，可以说自由是平等之母：正是斗争的‘自由’使得‘平等’的成果变得可能……自由之不存，平等将焉附？这是美国政治史所揭示的道理。” [18]

关于自由比平等更重要的一个实例，是专制下的选举。在萨达姆铁腕统治下的伊拉克，总统选举也是一人一票，这是很“平等”的。结果当然没有悬念，萨达姆总能够以接近 100% 的高票当选。但是，选民实际上没有选择的自由。所以，在民主选举中，自由选择比一人一票的“平等”重要得多。

萨托利还提出了一个很有意思的观点，即一旦人们享有自由，刺激了要求平等的欲望，平等的吸引力就大于自由的理想，因为平等可以被赋予实实在在的意义，平等还可以产生利益，包括物质利益，而自由的好处却是看不见摸不着的。这就是为何经济收入上的平等在当今时代有如此大的号召力。[19]

在公正、平等、自由之间孰轻孰重的问题上，罗尔斯的观点独树一帜。罗尔斯坚持认为公正是首要的，平等应优先于自由，其思想可以被称为“平等主义的自由主义”。[20] 美国学者阿德勒则认为：

“在自由、平等和正义三者之中，只有正义才是不受任何限制的实在善。一个人可能想要太多的自或者过分的平等，他这种自由和平等可以超出他和别人相处时所应该拥有的自由和平等……但正义则不然。没有一个社会会是过分正义，没有一个人的行为对他自己或他周围的人来说会是太正义了。”[21]

西方的政策取向和社会思潮，长期在公正（平等）和自由之间徘徊。美国20世纪60年代以后实行的平权行动（affirmative action，又译为肯定性行动）很能说明平等为何具有吸引力，以及平等和自由之间关系的复杂性。平权行动相关政策及法令的出台，旨在通过联邦法律的强制，消除对黑人等少数族裔以及妇女等弱势群体在就业、教育等领域的歧视和不公平，使得那些世代被偏见所歧视的少数族裔和妇女能够与白人、男人进行平等竞争。美国政府实行了一系列补偿性计划，在升学、接受政府贷款、分发奖学金或助学金、就业和晋升等方面给予少数族群和妇女以某些照顾和优先。比如，如果某个大学的教授职位空缺，一位白人男性博士同一位黑人女性博士同时应聘，两人条件相当，那就应当招聘那位黑人女性。平权行动涵盖的对象后来又扩大到残疾人、退伍军人等弱势群体。这些政策法规理所当然受到弱势群体的欢迎。

在平权行动的实施过程中，不可避免地出现了一些矫枉过正的现象，如许多美国大学对少数族裔特别是黑人学生降低了录取标准（但亚裔学生因普遍学业成绩较好而得不到照顾）；在竞争者能力和资格同等的情况下，黑人、妇女和残疾人等弱势群体有被录用的优先权。在这种政策下，一些美国白人男性认为自己受到了不平等的待遇，指出有些并未受到歧视的人群也因此政策而得益。所以，一些白人指责平权行动是“逆向歧视”，剥夺了他们本来应当获得的机会，所以是不公正的。有些反对者还指出，以族群、性别等为依据的平权行动忽视了人们的真实经济地位，有些少数族裔和妇女其实很富有，而很多白人才是急需国家帮助的对象。一些少数族裔对平权行动也并不领情，认为这种区别对待政策无异于视他们为“次等公民”。

在2016年美国大选中，白人中的蓝领阶层和收入较低的白人中产阶层是支持特朗普当选总统的重要“票仓”。这些群体长期以来都被政治精英、知识精英所忽视，更不能从平权行动中获得任何好处，甚至可能是民主党为少数族裔和移民争取所谓“公平待遇”过程的受害者。在这些支持特朗普的白人看来，是他们，而不是少数族裔或移民，在今天的美国受到了不平等、不公正的对待。他们中许多人对身为黑人的奥巴马在美国当了8年总统，早就忍无可忍了。他们抗议说，美国社会形成了“政治正确”的原则，即不能冒犯少数族裔、不能冒犯女性、不能冒犯同性恋、不能冒犯不同的信仰或政见持有者，难道唯独可以肆无忌惮地冒犯欧洲血统的白人，攻击奉为立国之本的“瓦斯普文化”吗？这符合自由、公平的原则吗？近几年美国的认同政治斗争继续发酵，成为美国社会分裂、政治极化的重要原因。

白人和黑人究竟“谁歧视谁”的问题，在今天的南非也出现了。1994年，纳尔逊·曼德拉领导的黑人解放运动取得成功，曼德拉当选南非总统，结束了南非的白人统治和种族隔离制度。种族隔离制度被废除后，政府部门出台了大量对黑人优惠的政策法规，如《黑人经济振兴法案》《公平就业法》等，规定雇佣黑人的比例。许多白人被解雇，一些有专业技能和财产的白人则选择移居海外。如何评估这些对黑人的优惠政策在南非所产生的社会和经济后果，是很有争议的问题。

马来人是马来西亚的原住民。独立后，马来西亚政府的经济、社会、教育、人口政策都向马来人倾斜。华人占马来西亚人口的比例，从独立初期的40%左右下降到2024年的22.6%。[22] 许多华人认为他们受到歧视和不平等的待遇。但是，华人的平均收入至今仍高于马来人。

通过美国、南非、马来西亚这三个国家的案例，我们可以看到一个相似的现象：如果政府根据自由的原则分配社会资源，对所有族群“一视同仁”，那么白人在美国和南非社会中的优势地位肯定能得以维持，甚至扩大，华人在马来西亚也远比马来人富有且有较高的文化教育水平。这可以说是“平等对待”。但如果追求的是“平等结果”，即少数族群（在南非黑人是多数族群）和妇女能够获得同其人口比例相称的教育机会、工作机会、收入水平，纠正历史造成的歧视，那就必须采取刚性的倾斜政策，也就是“不平等对待”不同人群。无论在理论还是在实践中，关于自由、公正、平等的悖论都很难找到满意的答案。

在现代世界政治中，左派主张维护社会中下层利益，创造更为平等的财富和基本权利分配，而右派支持建立在经济自由、财产私有之上的市场经济。更简单地说，即左派强调平等，右派强调自由，而左右两派都认为自己的主张是公正而理性的。传统上，美国的民主党和共和党的分歧，欧洲左翼政党和右翼政党的分歧，都可沿此思路而展开。

但是在全球化和信息化的大背景下，“左”和“右”不再如此界限分明。例如，当年的美国总统特朗普理应代表一贯被视为“右”的共和党。但在 2017 年 1 月的就职演说中，他的基调却充满了“代表挣扎中的劳苦大众向权贵和建制派夺回权力”的“左”的论调，他完全不谈自由民主等美国传统价值，而是全力呼应民粹主义。特朗普宣称：“今天我们不仅仅是把权力从一个政府转交给另一个政府，或者从一个政党转交给另一个政党，而是将权力从华盛顿权贵的手中归还给你们——人民。”[23] 但是，特朗普当政四年后，民主党人重新掌握行政机构。美国两党之间的政治分歧，很难再用传统的“左”和“右”来界定。

在世界范围内，过去是发展中国家向发达国家争平等，保护自己的民族工业；发达国家则要求开放国家间的政治边界，贸易和投资自由化。现在，美国和许多发达国家却向发展中国家要求平等，在某些领域高筑贸易和投资壁垒，修筑高墙防止移民涌入；一些新兴发展中国家则提倡国家间的商品和劳工进一步流动。过去反对种族歧视的旗帜是由黑人等族群高举的，现在轮到白人去抨击“逆向种族歧视”了。这些趋势，不仅反映了发达国家和新兴发展中国家实力对比和全球社会结构的变化，也会赋予公平、自由、安全等概念以新的含义，带来世界政治思潮的变化。

第九章

通向理想国之路

第一节　理想国的标准

很多近现代政治家和思想家都描绘过他们心目中的理想社会，如马克思和恩格斯论述的共产主义社会和孙中山的“天下大同”理念。不过他们的理想社会都建立在国家消亡的基础之上。从今天来看，国家消亡还没有任何现实可能。世界上预测未来50年、100年世界政治发展的著作很多，我没有读到其中任何一部认为主权国家体系或作为政治形态的国家，在可预见的将来会衰落下去。我认为，即使是从远期来看，更现实的政治目标，不是促进国家消亡，而是建设相对来说治理良好的国家。

古希腊哲学家柏拉图在他的名著《理想国》里讨论的核心概念是正义（对应本书所说的公正），指出正义是理想城邦的原则。[1] 柏拉图把人的灵魂分为三个部分。最高的一部分是“用来学习的”，是为了认识真理，而不那么关心金钱和荣誉。这部分又可称为“爱学和爱智”。灵魂较低级的两个部分，一是“爱钱”，二是“爱荣誉”。由最高部分统治灵魂的人叫作“爱智者”或者“哲学家”；由金钱统治灵魂的人叫作“爱利者”；由荣誉统治灵魂的人叫作“爱胜者”。与此三种人相应，有三种形式的快乐。只有爱智者的快乐才是“真实的快乐”“纯粹的快乐”，而爱利者和爱胜者始终得不到这种快乐。正义的政体应当由爱学爱智的哲学家来治理。爱利者（如农民、手工业者、商人）和爱胜者（如军人）地位都应低于哲学家。在柏拉图的“理想国”里，正义是首要的，军事和财富是次要的。国家显然应由精英政治主导，而不是让平民主义居于统治地位。

孔子和柏拉图几乎可以被视为同一个时代的人。虽然古希腊城邦国家和中国春秋列国的国情很不一样，但孔子和柏拉图观察政治的角度颇有些相通之处。《论语》的核心思想是“仁”。论及政治，孔子最著名的一句话是：“政者，正也。”[2] 这同柏拉图关于“理想国”的核心原则是正义的思想完全一致。

《论语》记载了以下一段话：“子贡问政。子曰：‘足食，足兵，民信之矣。’子贡曰：‘必不得已而去，于斯三者何先？’曰：‘去兵。’子贡曰：‘必不得已而去，于斯二者何先？’曰：‘去食。自古皆有死，民无信不立。’”[3] 这段话是说：孔子认为，治理一个国家应当具备三个起码条件，即食、兵、信。但这三者当中，信是最重要的。如果只有兵和食，但百姓对执政者不信任，那这样的国家也就不能存在下去了。《论语》又有记载说：“子适卫，冉有仆。子曰：‘庶矣哉！’冉有曰：‘既庶矣，又何加焉？’曰：‘富之。’曰：‘既富矣，又何加焉？’曰：‘教之。’”[4] 孔子在这里回答说，人多了，要让他们富裕起来；富裕起来以后，要对他们进行教育。换言之，富民在先，教民在后。

柏拉图和孔子分别从正反两面划定了理想国的三个标准，就是要有公正，要丰衣足食，还要有维护尊严和安全的军队。在他们的年代，佛教、基督教、伊斯兰教等还没有诞生或者流行，更没有现代意义上的意识形态，所以本书中所说的“信仰”，在那个时代远未成型。本书所说的信仰和公正，对应的是孔子所说的“信”和“正”，以及“教之”所要达到的目标。至于现代意义上的“人身自由”，在奴隶制和流行殉葬的古代社会，连基本的生存都没有保障，自然是极其有限的。

用本书归纳的五大目标来衡量，一个成功的、令人向往的国家应当是：第一，没有严重的外部和内部的安全威胁，国内政治稳定，暴力犯罪率低；第二，国家和民众都比较富裕，经济稳步增长；第三，国家有相对统一的信仰体系、道德准则和主流价值观，同时包容一部分公民所奉行的其他信仰，公民对国家认同度高；第四，公民之间贫富差距较小，公民平等在教育和社会保障体系中得到较好体现，社会不公能够通过法律和政策调整得到矫正，抑制官员腐败；第五，公民的自由权利得到充分保障，个人自由同民族、国家的自由相一致。安全、财富、信仰、公正、自由五位一体，也可以说是衡量“成功国家”还是“失败国家”的一个有机的指标体系。

美国政治学者福山心目中良好的现代政治制度，即“成功国家”，应由强大的国家、法治、民主负责制所组成。福山称赞丹麦，说它“是个具有良好政治和经济制度的神秘国度。它民主、稳定、热爱和平、繁荣、包容、政治腐败极低”。[5] 中国政治学者刘瑜为福山的著作《政治秩序与政治衰败》写的导读，讲的就是“如何到达丹麦”——“有法治、又民主，政府还高效而廉洁”。[6]

我无意否认福山提出的衡量成功国家的尺度，只是想运用本书所提出的由五大目标所组成的指标体系，论证为什么可以认定丹麦等国为成功国家。如果说福山关心的是“如何使国家成功地到达丹麦”，我论证的则是“丹麦的成功表现在哪些方面”。

丹麦作家汉斯·克里斯汀·安徒生以其美丽的童话举世闻名，而丹麦也因此得到“童话王国”的美称。在世人眼里，丹麦在许多方面令人称羡。丹麦自 19 世纪下半叶实现工业化以后，在欧洲保持中立政策，一直没有卷入战乱。1940 年 4 月 9 日，法西斯德国背信弃义，入侵丹麦，第二天丹麦即宣布投降，二战中经济未遭受重大破坏。1949 年北约成立时，丹麦是第一批成员之一。丹麦积极参加国际维和行动。冷战结束后，丹麦参与了北约对前南斯拉夫、阿富汗、伊拉克的军事行动。丹麦的国防预算长期占国内生产总值的 1.2% 左右，低于北约所要求的 2% 的比例。但俄乌冲突发生之后，丹麦将国防预算提高到 2025 年国内生产总值的 2.4% 以上。

丹麦是世界上最发达的经济体之一，2023 年人均国内生产总值达 6.84 万美元，在世界排名第七。[7] 丹麦拥有诺和集团、乐高公司等世界著名品牌，科技领先。截至 2023 年，丹麦人口有 594.6 万，其中约 85% 的人口祖籍为丹麦。[8] 作为单一民族国家，丹麦的移民政策相当严格，近年来只从波兰、波罗的海三国等新近加入欧盟的国家吸收少量移民，多从事体力劳动。丹麦国民幸福指数很高，民族凝聚力较强。

丹麦人的主要宗教信仰是基督新教路德宗。1953 年通过的现行《丹麦宪法》规定基督新教路德宗为国教，国家予以支持。截至 2023 年，74% 的丹麦国民是路德宗丹麦教会的成员。[9] 不过，宪法仅规定皇室成员必须是丹麦教会成员，其余的人均享有宗教自由，国家禁止宗教歧视。不过，根据 2010 年的一项欧盟民意调查显示，只有 28% 的丹麦公民相信上帝的存在，47% 表示相信有某种神灵存在，24% 表示不相信任何上帝或神灵的存在。[10]

和其他北欧国家一样，丹麦没有经历过政教合一的罗马帝国统治，因此欧洲中世纪的等级观念和特权思想难以在这个国家立足。欧洲宗教改革后的基督教教义推崇诚实可靠，排拒非分之想、不义之财。丹麦政府清廉指数很高，国内贫富悬殊不大，是世界上基尼系数最低的国家之一。

在意识形态和社会习俗方面，丹麦是资本主义世界中最自由的国家之一：1969 年，丹麦成为世界上第一个使色情书刊合法化的国家；1989 年，丹麦成为世界上第一个允许同性婚姻的国家，2012 年又正式通过法律使之合法化。[11] 英国智库列格坦研究所发布的一项“繁荣指数”排名，综合考量了各国在经济平等、个人自由、社会宽容度、教育、健康、生态环境、国家治理、社会安全等各方面的指标，丹麦在 2023 年的这项排名中列全球第一。[12] 丹麦人均国内生产总值居世界前列，在世界经济论坛 2022 年全球竞争力报告中列第 1 位。[13] 从上述指标看，丹麦被视为“最成功的国家”之一，在资本主义世界当之无愧。

另一个北欧国家挪威，也同丹麦相仿，在各项社会发展指标中名列世界前茅。比如，在上述列格坦研究所的“繁荣指数”的2023年排名中，挪威名列全球第三。[14] 2023年挪威的人均国内生产总值高达8.79万美元，全球排名领先于丹麦的6.84万美元。[15] 挪威出生、在英国牛津大学任教的政治学者斯坦·林根，发表过一篇题为《世界上最好的民主国家究竟有多好？》的案例研究，对挪威大加赞扬。他说，挪威是“当今最健康最标准的民主国家之一”。他描述道，挪威工业化进程从20世纪初才开始，在不到一个世纪的时间里，该国就从一个赤贫国家转变为当今世界上几乎最富有的国家。二战期间，挪威遭到法西斯德国5年的残酷统治，这一痛苦经历强化了挪威人的自由、平等思想。现今的挪威社会，福利优厚，性别平等，社会和谐，教育发达，社会冲突很少，犯罪率低，政府廉洁，家庭幸福（在欧洲国家中出生率最高），国家财政盈余，等等。但林根同时指出，挪威的代议制民主出现了衰落现象，国民的价值观和社会生活开始缺少凝聚力和生命力。[16]

在福山的著作里，中美洲小国哥斯达黎加被描绘为“治理良好的民主国家”和“摆脱拉丁美洲天生缺陷的一个好榜样”。[17] 哥斯达黎加是族群构成相当单一的国家，白人和印欧混血种人占总人口的95%、黑人占3%、印第安原住民约占0.5%、其他民族占1.5%，95%的居民信奉天主教，少数人信奉基督教和犹太教。[18] 早在1948年，哥斯达黎加就宣布废除常备军，成立国民警卫队，成为世界上第一个没有军队的国家，从此杜绝了军人干政的可能性。这个国家靠1.8万人的警察队伍维持治安。2023年，哥斯达黎加的人均国内生产总值达到16 942美元，在拉美地区名列前茅。[19] 按美国非政府组织“自由之家”一年一度的《全球自由度报告》评估，哥斯达黎加是世界上自由度最高的国家之一。福山说：“哥斯达黎加人自己认为，他们一直有平等和民主的文化。”[20]

我在2013年曾经访问过哥斯达黎加，对这个国家的基础设施建设、生活水平、服务质量感觉一般，却对该国人民的自豪感印象深刻。在同哥斯达黎加的知识精英交谈时，我问他们对本国的世界地位如何评估，即属于西方国家还是非西方国家、发达国家还是发展中国家。他们毫不犹豫的回答让我有些吃惊：“我们当然是西方国家——我们是白人，讲西班牙语，信奉天主教。另外，哥斯达黎加还是民主国家！”

上述三个西方人眼中的“良治国家”，以及在国内安全、经济发展、信仰体系、平等公正、个人自由等领域表现相对良好的其他国家，如芬兰、瑞典、爱尔兰、冰岛、捷克、斯洛伐克、日本等，固然有其制度、文化传统等方面各自的优点，但有一个容易被忽略的共同特色——它们在很大程度上都是单一族群国家。在全球化浪潮冲击下，单一族群国家一旦放松了移民政策，允许大规模的外来移民进入本国的劳动力市场，并聚居于中心城市，这些国家的基尼系数肯定要迅速上升，社会凝聚力和国内治安也会受到严峻考验。日本在老龄化、少子化日益严重的今天，如果能多吸收一些外国移民，应该就能推动经济发展。但是，许多日本人对本土文化和民族同质性有很强的自豪感，不愿以同质性和安全感为代价换取经济增长。因此，移民是日本和其他单一族群国家长期引起争议的问题。日本现政府将提升日本跌入谷底的生育率作为优先事项，同时想通过吸收更多女性和老年人进入劳动力市场以填补空白，而非主要借助移民。

实际上，哪怕是微小的异族影响，也会对传统的同质社会造成巨大的心理冲击。上文提到的林根对挪威社会凝聚力的担忧，绝不是空穴来风。他关于“挪威究竟有多好”的案例研究发表之后不久，挪威就发生了惊人惨案。2011 年 7 月 22 日，挪威人安德斯·贝林·布雷维克在挪威政府办公大楼前引爆威力巨大的汽车炸弹，然后又在首都奥斯陆以西的小岛上枪杀参加挪威工党青年团夏令营的人群，共造成 77 人死亡、151 人受伤。[21] 布雷维克是退伍军人、激进的基督徒，持极端右翼民族主义思想，仇视穆斯林、左翼人士和外来移民。这场惨案曾经震惊全球，也给北欧国家的社会稳定和团结敲响了警钟。

回顾丹麦、挪威这些“成功国家”从诞生到现在的历史，可以看到它们在很大程度上是“天生”的，是可遇而不可求的。对于一个在族群、宗教、文化上多元的国家，尤其是发展中国家“如何到达丹麦”，不仅涉及政治制度，更需要考虑如何实现各族群融合的问题。全球化很容易使现有的单一族群国家变成族群多元的社会，但把族群多元社会转化为单一族群国家的努力，不但永远不可能达到目标，而且会造成族群仇杀的巨大灾难。

不过，新加坡的例子似乎可以证明多族群国家也可以走向“理想国”。新加坡人主要由 100 多年来从亚洲其他地区迁来的移民及其后裔组成。移民社会的特性、殖民统治的历史、地理的特殊位置，使这个国家呈现出多元文化的特色。新加坡公民中华人占 74%，马来族人占13%，印度裔占9%。[22] 1965年从马来西亚联邦脱离成为独立国家后，新加坡实现了奇迹般的发展，今天的各项社会发展指标都位居世界前列，2023年人均国内生产总值为8.47万美元，超过丹麦。[23]

但是，为何福山等西方学者不把新加坡视为当代国家中的典范呢？因为在福山眼中，成功国家的三个标准——强大政府、法治、民主负责制，新加坡只占其二，被福山称为“在民主乏匮的情形下取得经济奇迹”[24]的国家。新加坡毗邻马来西亚和印度尼西亚这两个比它大得多的伊斯兰国家，需要在大国间维持微妙的战略平衡。新加坡的国防预算在国内生产总值中所占的百分比，2020—2024年在3.5%左右，高于绝大部分北约国家。加上族群多元的特殊国情，使新加坡至今有强烈的不安全感，也就不得不牺牲某些个人自由，采取相当严格的社会管控政策。且不谈宏观政治制度，新加坡的住房政策就很特殊。组合房屋（组屋）是新加坡政府建的居民保障房，大部分新加坡居民都住在组屋里。为避免出现分裂的小团体和族群冲突的极端情况，政府不允许一幢楼或一个居民小区里住的全是同一族群的人。于是，组屋每一栋楼的居民构成，除了其他条件以外，都需要按照全国的族群比例来匹配。这一规定不动声色地奠定了族群和谐的基调，营造了社会安定的氛围。在西方发达国家眼里，这种强制性的规定显然是妨碍个人自由的，但在新加坡看来是维护公正所必需的。此外，如何在一般的爱国心之上凝聚国民的共同信仰，能否最终形成“新加坡民族”，也是年轻的新加坡国家建设中长久面临的课题。

美国是当今世界上最强大、最富裕的国家。世界上不少人都羡慕、向往美国。但是，在各国政治学者（包括福山等美国学者）当中，没有多少人将美国视为典型的“成功国家”。这是为什么呢？

应当看到，美国独立以来的200多年中，发展步伐是相当快的，成功经验当然不少。但美国在政治上也走过不少弯路，而且存在一些明显的缺陷和弊病。美国建立了一支世界上最强大的、遍布全球的武装力量，但自二战结束以来，一直自认为面临严重的外部安全威胁。美国政府多次动用暴力镇压国内动乱，美国总统几次遭遇政治谋杀。美国的服刑人数长期居世界第一，枪支泛滥，凶杀案频发。美国经济有长期繁荣的时期，但1929—1933年的大萧条和2008年前后的金融危机都严重打击了美国经济，造成了全球恐慌，并引发不少国家的经济迟滞。美国人的政治信仰相对统一，各派政治势力都以“自由”为旗帜，信奉宗教的人群比例大于多数其他发达国家。但是，长期被奉为圭臬的盎格鲁-撒克逊白人基督新教传统受到文化多元主义日益强烈的冲击，政治极化严重。美国有较为完善的法治，但未能消除种族歧视，贫富差距持续扩大，引起民众对社会不公现象的强烈不满。在美国智库卡托研究所和加拿大智库弗雷泽研究所2024年公布的一项关于世界各国自由度的研究报告里，在2022年，丹麦和挪威分别位列“个人自由度”世界排名的第1和第7，而美国位列第24，在西方发达国家中是最低之一，跟东欧国家不相上下，而且比2008年进行的同一项调查低了很多。[25] 这说明从西方标准看来，美国远非“世界上最自由的国家”。综上所述，美国距离本书提出的五项“理想国”标准，还差得很远——但愿不是越来越远。

第二节　结语：永远在路上

应当承认，任何一个指标体系都无法适用于所有国家的政治，正所谓“横看成岭侧成峰，远近高低各不同”。各个国家的观察者在看其他国家的时候，都难免用自己认为适合的标准来衡量：美国人习惯用自由、民主、多元化的标准衡量他国；欧洲人除法治尺度外，对公正（通过社会福利体现）情有独钟；日本人会细致地观察他国生活的细微之处和待人接物是否礼貌周全，据此对他国做出一些宏观判断，比如，“日本人看中国更多的是微观的东西”[26]，如食品安全、中国武术、中医、中餐等事物；一些伊斯兰国家把宗教信仰写入国名和宪法，表示它高于一切；非洲人对于种族之间、国家之间的平等和国家道路的自由选择十分敏感；中国人衡量其他国家的优劣，除了它们的对华态度以外，主要看其政治稳定性和经济增长速度，而不大关注政治制度、信仰体系、人权状况、基尼系数或其他指标。我希望本书对世界政治五大目标的研究，有助于我们进一步理解世界政治中的多样性和同一性。全球化趋势加强了各国政治的同一性和相互渗透，而信息化趋势下的认同政治则突出了它们之间的区别和多样性。

各国政治都追求五大目标，但推进的重点、实现的方式和步骤会有很大不同。从古代世界到20世纪中叶，种族歧视、阶级歧视、性别歧视、奴役、专制、酷刑等不仅普遍存在，而且在许多社会中被视为合理合法。而在当今世界，自由、平等、人权、民主、法治已成为被普遍接受的政治原则，尽管实现方式多种多样。这里的难题在于，对于西方发达国家来说，虽然建立了比较成熟的民主制度，但在诸如移民和难民涌入（欧洲、澳大利亚）、族群和宗教多元化（美国）、老龄化和劳动力短缺（日本、俄罗斯）等新的挑战面前，普遍存在“再民主化”的艰难选择。对于许多发展中国家来说，推翻现政府的暴力革命基本上失去了合法性，以街头政治为工具的“颜色革命”和“阿拉伯之春”无法使民主法治一蹴而就（特别是在多族群国家），西方式民主的“榜样”光辉褪色，经济发展速度下降，政治转型更为艰难。

从政治哲学意义上来看，能使五大政治目标均衡实现的国家，是最完善的“理想国”。但在实践中，国家将政治终极目标中的哪一个或哪几个置于更为优先的地位，是随着国内外环境和执政党及其领导人政治倾向的变化而不断变化的。世界各国、各区域政治目标的转换及其相互影响，是观察世界政治发展总趋势的一个视角，也使国别区域研究内容更加丰富。

以中国为例，“毛泽东思想挂帅”的时代颂扬暴力革命和阶级斗争，政治意识形态信仰的地位极高。改革开放时期强调以经济建设为中心，坚持和平发展道路，维护社会和谐，安全与财富两大主题凸显。20 世纪 80 年代，中国提出一切工作要从有利于发展社会生产力、增强国家综合国力、提高人民生活水平的实际出发。可以说，发展经济、增加财富，一时优先于其他政治目标。1993 年，中共中央在确立社会主义市场经济体制的文件中提出“效率优先，兼顾公平”的分配原则，体现了当时国内政治的重点是推动经济发展。但是，随着形势的变化，这一原则逐渐受到质疑。经过多年讨论，2005 年党的十六届五中全会做出了“更加注重社会公平”的调整。直到今天，效率和公平的关系问题仍然没有在实践中完全得到解决，同时还出现了更多的非传统安全关切。中共十八大以来，政治天平再一次出现微调，强调的是高扬政治信仰的旗帜，增强政治安全、政权安全，而不再强调一切要有利于发展社会生产力。中共十九大报告确立了习近平新时代中国特色社会主义思想的历史地位，指出中国社会主要矛盾已经转化为人民日益增长的美好生活需要和不平衡不充分的发展之间的矛盾。中共二十大报告的主题是“全面建设社会主义现代化国家”，全面阐述了“中国式现代化”的核心理念。

美国国内的政治主题或目标也是不断变化的。2001 年“9 · 11”恐怖袭击事件以后，美国政治的重心一下子转到了国家安全问题上。2008 年金融危机爆发，2009 年奥巴马政府上台，国家政治的重心调整到复苏经济、增加就业、完善社会保障体系上来。2016 年美国总统和国会选举凸显收入不平等、社会公正缺失的主题。美国学者福山指出，“这次选举透露的真正信息是，几十年过去了，美国民主终于开始回应与大多数人都相关的不平等扩大化和经济停滞问题。‘社会阶级’这个主题重回美国政治的中心，压倒了那些在近几次选举中占据核心的议题（种族、族群、性别、性取向和地域）”。[27] 社会不平等问题成为美国政治的重心，势必将影响其国内政治目标调整的幅度和方向。2021 年拜登政府上台以后，国内政治极化趋势严重，民众对政府和国会的信任度下降，逆全球化、反全球化的势头上升，民粹主义毒化了政治气氛，民主党和共和党在移民、贸易、税收、气候变化、族群关系等问题上的矛盾难以弥合，核心政治议题不突出，国家缺乏前进的方向感。

2016 年 6 月英国“脱欧”公投结果公布后，一个在英国生活了多年的中国大陆学者在私人通信中感慨道：“这是经济全球化和区域政治一体化带来分配不均，引起得益不多者与担心国家主权和民众自主权被削弱的民众联合起来投票反对的结果。”可以说，英国和欧洲今天的政治目标，涉及更多的是利益分配不公和移民政策，以及经济发展和技术进步缓慢、民族凝聚力下降、文化信仰缺失等问题。2022 年俄乌冲突爆发后，传统意义上的国家安全和领土主权问题，又一次进入了欧洲政治舞台的中心。

纵观自古至今的世界变迁可以发现，人类社会在不断进步。在社会生活的不同领域，“进步”的含义不同。在政治领域，所谓“进步”，应当是指人类普遍的安全感增加，暴力活动减少，社会秩序和国际秩序走向稳定，财富总量增长，社会价值的分配更加公正，人与人之间在权利方面更为平等，公民的政治自由得到更大程度的保障，等等。但我们也看到，历史在前进道路上常有曲折和羁绊，人类未来难免面临巨大的逆流和“黑洞”，充满着不确定性。从以下这 10 个方面看，世界政治既有进步，也在某些领域停滞不前，甚或有倒退的危险。

（一）人类的暴力行为逐渐减少，但战争的毁灭力增强。

战争和其他暴力行为所造成的伤亡人数占世界总人口的比例，

在世界历史上呈下降趋势（两次世界大战是特例）。[28] 而在我们生活的当代，参加过战争或经历过战乱的人，占世界总人口的比例，低于世界历史上的任何一个时期。这不能不说是巨大的进步。

当前，大范围的长期和平有可能实现。二战以前，国家之间战争的目标都是夺取更多的领土，掠夺更多的资源和人口，国内战争则大多是夺取政权。但到了今天，鉴于世界市场的开放、人口的大规模流动、国际法和国际道义等因素，为争夺领土资源而发动战争不仅在物质利益上得不偿失，而且会受到国际社会的孤立和舆论的谴责。大国间危机管控机制的建立，降低了突发事件演化为战争的危险。在国内政治斗争中使用战争手段，如发动流血军事政变，也都普遍受到抵制和孤立。

不过，俄乌冲突和中东重燃战火等当今世界的严酷现实告诉我们，收复失地、恢复国家或族群的尊严、寻求公正、维护宗教信仰等精神诉求，同争夺领土和物质资源一样，可以成为发动战争和进行武装抗争的理由或借口。中国大陆如果被迫采用武力方式处理台湾问题，也主要不会是出于经济利益的考虑。

军事技术的发展，使人类一旦发生战争所造成的损失越来越大，两次残酷的世界大战充分展示了这一点。今天，仅是美国和俄罗斯所拥有的核武器，就足以毁灭全人类。国际核裁军进展缓慢，而有能力、有意愿拥有核武器的国家还在增加。国际恐怖组织也在努力掌握大规模杀伤性武器。值得注意的是，在信息时代，网络战、太空战和其他新的战争手段所能造成灾害的程度，并不亚于核战争，人们只能寄希望于掌握战争手段的组织和个人能够理性行事。但是同其他暴力行为一样，战争会因非理性决策或突发事件而引发。中国、俄罗斯、韩国、美国、日本等国家，全都担心拥有核武器的朝鲜所带来的安全威胁或政治难题，这是有充分理由的，但是它们都没有能力或充足的意愿去阻止朝鲜的拥核进程。军事技术的进步，可能抵消人类在世界和平与安全领域的进步，甚至使其逆转。

（二）技术推动了人类进步，但也造成了对地球生态越来越大的破坏，使各类非传统安全问题成为全球政治问题。

科学技术对人类进步的推动作用毋庸置疑。一方面，近代以来的技术进步，特别是医疗卫生技术的发展，使人口数量激增，人均寿命延长，生活质量提高。但另一方面，欧洲工业革命之后的技术发展，也导致人类赖以生存的自然环境遭到越来越严重的破坏。正如一位美国历史学家所说："现代产业革命最深刻的悖论就是，一方面人类掌控生物圈的能力越来越强，而另一方面，我们还没有展示出足够能力，表明我们可以正确运用这种掌控力，使生物圈更加平衡、可持续。"[29] 于是，生态环境、公共卫生等许多非传统安全问题，日益成为各国政治和国际政治的中心议题。2020—2023 年的新冠疫情，证明人类征服恶性传染病的能力和国际合作意愿仍然十分有限。

（三）世界物质财富增长速度总体高于人口增长速度。

18 世纪以前，世界人口增长得相当缓慢，此后的工业革命促使世界人口进入迅速增长的时期。世界物质财富的增长同人口增长呈现正比关系。当然，财富增长永远不可能达到在绝对意义上满足人类需要的程度，无论是穷人还是富人。在一般情况下，全球经济增长速度高于人口增长速度，这意味着人类的总财富和平均财富在持续增长。但是在撒哈拉以南非洲，经济增长速度却低于人口增长速度，引起人们忧虑。

（四）人类发展不平衡的现象日趋严重，人类发展出现了倒退的危险。

联合国开发计划署发布的《2021/2022 年人类发展报告》指出，人类发展过程中，人与人之间的相互剥夺和不平等持续存在，这对人类努力驾驭崭新的多重不确定性产生巨大阻碍。不平等和不确定性相互推波助澜，置人类社会于岌岌可危的境地。新冠病毒大流行和俄乌冲突，正是眼下不确定性的毁灭性呈现。它们最大程度暴露了当前全球治理的局限性和裂痕，也都重创了全球供应链，推高了能源、食品、化肥、大宗商品和其他商品的价格波动，全球灾难因之迫在眉睫。如果不消除根深蒂固的发展障碍——包括歧视和政治参与中的不平等——各国、各社会群体之间发展和收入的差距将进一步扩大。不仅发展中国家面临上述问题，发达国家也需要解决贫困和社会排斥所带来的挑战。该报告警告称，多重危机正在阻碍人类发展，绝大多数国家的人类发展正在倒退。人类发展指数是联合国开发计划署用来衡量一个国家的健康、教育和生活水平的指标。自 35 年前开发署推出人类发展指数以来，该指数首次在全球范围内连续两年下降。这意味着许多地区的危机正在加深，拉丁美洲、加勒比地区、撒哈拉以南非洲和南亚地区受到的打击尤其严重。

当今世界，财富分配不均的状况是空前的。近几十年来，相对贫困落后的发展中国家的人口增长速度大大高于发达国家。这是世界范围内贫富分化日趋严重的原因之一。但更重要的原因，是政府没有起到缓和阶级矛盾、维持公正平衡的调节器作用，有的政策甚至加大了收益分配的失衡。如果说财富增长代表人类的进步，那么全球经济不平等现象至少部分抵消了这种进步。在世界历史上，许多国家的政治动乱、暴力和战争，都不是源于贫穷和落后，而是源于生产力发展进程中平等和公正的缺失。

（五）全球化不可逆转，但出现了更多的阻力和更大的风险。

“一般而言，全球化概念指的是越变越‘小’的世界，用更为学术性的语言来说，指的是时间和地点的压缩。全球化意味着各种边界的系统性减少。”[30]“全球化”作为一个新词的出现和流行，可以追溯到20世纪80年代，而回顾远古以来的历史，其实就是人类群体交往越来越多、世界越变越小的全球化进程。

同西方扩张时代一样，当代全球化推动了资本、技术和知识的传递和分享，代表了历史的进步。全球化的自觉推动者是相对获益者，被动接受者是相对受害者。资本主义以其自私的利益动机和许多丑恶的方式，在不自觉地推动人类的进步。今天的全球化推动者，包括受到西方政府支持的跨国公司，就像当年马克思评论英国在其印度殖民地时所起的作用那样，“毕竟是充当了历史的不自觉的工具”[31]。当今的任何力量，包括所谓“反全球化”“逆全球化”的思想和行为，都无法将已经全球化的经济交往和社会流动，拉回到历史上那种社会之间相互隔离的状态。从这一意义上说，全球化是不可逆转的，问题只是其进程中谁受益更多、谁受损更多，前进道路上所遭遇逆流的大小和多少，以及人类是否有能力矫正全球化带来的失衡。

（六）在个人自由和尊严方面，人类社会取得了长足进步。同时，公民自由和权利在某些方面也受到更多约束。

经济全球化和社会信息化的迅猛发展，以及冷战结束后的政治多元化趋势，使各国人民获得了更大的经济自由、国内迁徙自由、信仰自由、言论自由，尽管许多国家的自由度还有待提高。随着技术日趋发达，个人活动范围扩大了，吸收和传播信息的自由增加了；但与此同时，国家对资源和社会的控制力也增强了，某些方面的个人自由逐渐受到限制。人们享有的言论自由、出版自由等，在技术上很容易受限于政府和社会的监控，也比历史上的任何时期都受到更多的社会规范的约束。比如，内心怀有种族歧视、性别歧视思想的，今天依然大有人在，但在大庭广众之下和公开出版物中，蔑称其他种族为“野蛮人”“低等动物”，或歧视女性的“言论自由”，在绝大多数社会都不被认可。

（七）以法治、民主为基础的现代政治制度是历史进步的结果，但民主的实现方式多样，并无一定之规。冷战结束后的“民主化浪潮”，出现了退潮现象，强人政治和威权主义正在很多国家卷土重来。

民主制度在古希腊的雅典已经出现。工业革命后的欧美国家普遍建立了议会制、普选制、相对独立的司法系统，并以立法的形式予以确认和巩固。当今世界绝大多数国家都自称民主国家，其政府形式和法律之间的相似之处，多于它们同古代王朝、帝国之间的相似之处。这足以证明，立足于强政府、法治和民主的现代国家体制的建立，是巨大的历史进步。

但是，现代国家体制在美国和西欧开始立足，至今不过 200 多年。美利坚合众国 1787 年制订《联邦宪法》，贯彻分权与制衡原则，建立代议制政府，但 70 多年后美国爆发南北战争，国家险些分裂。1789 年法国大革命推翻了波旁王朝及其统治下的君主制，但欧洲民主化进程几经反复，十分曲折。二战期间法西斯德国和意大利统治了大半个欧洲。直到 20 世纪 70 年代中期，西班牙和葡萄牙才开始向西方议会民主政治过渡。我们看到，在世界 3 000 年以上的政治史上，绝大多数时间里的绝大多数政体，都没有实行现代意义上的民主和法治。人们希望世界不再倒退至过去那种封建专制、政教合一、殖民帝国的体制。但是，民主制度同其他政治制度一样，都不是完善的，都可能衰败倒退。建设强大、公正、廉洁政府的努力，在世界历史上命运多舛，真正的、巩固的民主政府为数不多。

（八）基于种族和文化的民族主义十分强大。

全球各地的民族主义，在可预见的将来只会加强，不会削弱。《威斯特伐利亚和约》确定的主权国家体系建立以来，在这三个多世纪里，主权国家的数量一直在增长，独立国家的出现远远多于国家的合并。民族分离主义此起彼伏，将推动更多国家的产生。

民族主义对于加强社会控制和国家团结是必要的。民族主义虽然强大，却只能凝聚内部，不能吸引外族，不能增加自己对外的软实力。宣扬本民族的伟大，在他人听起来无异于贬低其他民族。唐纳德·特朗普当政期间提出的“美国优先”“让美国再次伟大”的口号，可以激发国内民众的民族情感，但在世界其他国家难以引起共鸣，更多是引起反感。民族主义的历史作用，永远是一把双刃剑。

（九）宗教信仰的生命力无穷无尽。

宗教信仰同世界政治发展如影随形。没有证据表明，人类的宗教信仰会随着教育程度的提高、科学技术的进步而逐步消亡。也没有证据表明，一个社会的经济发展、个人自由、安全感、社会公正与平等，同这个社会信教人数所占的人口比例有明显的关系。政治显然同宗教有密不可分的关系。东正教在沙皇时期、苏联时期和冷战后的俄罗斯所经历的不同命运似乎可以说明，政治制度改变对民族宗教信仰所起的长远作用是有限的。

同民族主义类似的是，宗教只能凝聚相同信仰的教徒，却排拒其他宗教。就宗教的排他性而言，如果像亨廷顿那样将“文明”界定为宗教，那么“文明的冲突”的确存在，问题只在于这种冲突是否演化为大规模暴力。与民族主义不同的是，多数宗教是跨文化、跨种族、跨国界的，也因而对一个国家内部政治走向的影响一般小于民族主义。特别需要注意的一个事实是，世界各个主要宗教都比民族和国家稳定得多，存在的时间长得多。犹太教有3 000多年历史，基督教和佛教有2 000多年历史，伊斯兰教有1 300多年历史，而没有一个朝代、一个国家能有那么长的历史。历史上的政教合一，其结果是国家消失了，宗教却存活下来。许多国家都试图毁灭国内的所有宗教或某种特定的宗教，但这种努力鲜有成功。特定的宗教当然也会发展演变，会消亡，但其变化的幅度和速度小于文化的其他部分（如语言、娱乐工具、穿着和饮食习惯），更小于民族和国家。作为一种人类精神，宗教信仰的生命力无穷无尽。

（十）全球政治体系的演进方向存在很大的不确定性。

从历史上看，政治秩序的建立由村社到城邦、封建国家、帝国体系，由小到大，由弱到强。现代国际秩序建立之后，除南极大陆等极少数陆地以外，已不再有“无主”的土地，不再有完全无序的地理区域和功能性领域。正如《金融时报》的一则评论所说：“就算有再多瑕疵，1945 年后的全球秩序也带来了引人注目的相对和平和繁荣的时代。我们都可以指摘错误——无论是华盛顿的傲慢、欧洲政客的腐败还是世界各地银行家的贪婪成性。但总体而言，生活水准不断提高，宽容政治不断传播。”[32] 现代国际秩序经历了两次世界大战、冷战、冷战的终结等若干次重大冲击，今后也会继续遭受重大冲击。但由主权平等的国家组成国际体系，用和平手段来解决国际冲突等基本原则，在可预见的将来，将会被人类所长期坚持，以联合国为核心的国际合作与协调机制也将长期存在。

近几十年来，特别是冷战结束以来，世界范围内的大规模跨国移民和大批涌现的难民，使几百年来在地理上相对隔绝、持不同宗教信仰、肤色不同的族群被迫相邻而居，矛盾丛生，社会治理越来越困难。一些国家内部不同的宗教和教派认同、族群认同、文化认同，侵蚀着国家团结和社会凝聚力，族群、教派间的不平等和民族分裂倾向更加严重。社交媒体的发达，个人权利意识的膨胀，社会公德的缺失，更威胁着这些国家内部政治信仰的一致性。从历史长河上看，局部的政治失序经常发生，但全球政治体系总体上朝着有序的方向演进。然而“分久必合，合久必分”，当代世界的政治分化趋势令人担忧。

追求人类大同政治理想的努力，永远在路上。本书中所谓终极目标，就是永恒追求却永远不可能达到完美的目标。孔子说：“道之将行也与？命也；道之将废也与？命也。”[33]道之将行还是将废，既不取决于我们的理想，也不应当是命中注定。我的理解是，“道”就是人类文明的不断进步。希望这本小书有助于从不同角度探讨政治之“道”。

注　释

序　言

1. 王缉思主编：《文明与国际政治——中国学者评亨廷顿的文明冲突论》，上海：上海人民出版社 1995 年版。
2. 毛泽东：《战争和战略问题》（一九三八年十一月六日），《毛泽东选集》（第二卷），北京：人民出版社 1991 年版，第 541 页。
3. ［美］理查德·哈斯：《外交政策始于国内：办好美国国内的事》，胡利平、王淮海译，上海：格致出版社、上海人民出版社 2015 年版。

第一章　世界政治的主题与时代

1. 习近平：《建设开放包容、互联互通、共同发展的世界——在第三届“一带一路”国际合作高峰论坛开幕式上的主旨演讲》（2023 年 10 月 18 日，北京），《人民日报》2023 年 10 月 19 日，第 2 版。
2. 新华社：《大力培养创新人才 加快建设科技强国——习近平总书记的回信激励广大科技和教育工作者矢志奋斗》，《人民日报》2024 年 6 月 14 日，第 1 版。
3. Abby Budiman and Neil G. Ruiz, “Key facts about Asian origin groups in the U.S.,” Pew Research Center, April 29, 2021, accessed November 4, 2024,

https://www.pewresearch.org/short-reads/2021/04/29/key-facts-about-asian-origin-groups-in-the-u-s.

4. “THE 2023 *OPEN DOORS* ® REPORT,” Bureau of Educational and Cultural Affairs, U.S. Department of State, accessed November 4, 2024, https: //opendoorsdata.org/data/international-students/leading-places-of-origin.
5. 在中国教育部划分的学科门类里，政治学是“一级学科”，包括政治学理论、中外政治制度、科学社会主义和国际共产主义运动、中共党史、国际政治、国际关系、外交学这 7 个“二级学科”。这个学科划分在学术界长期存在争议。我认为，从学科范畴来说，“国际政治”和“国际关系”没有区别，称之为“世界政治”更为贴切。但是约定俗成的学科分类难以改动，暂时只能尊重现实。
6. 转引自［英］安德鲁·海伍德:《政治学（第二版）》，张立鹏译，北京：中国人民大学出版社 2006 年版，第 4 页。
7. ［英］阿克顿:《自由与权力——阿克顿勋爵论说文集》，侯健、范亚峰译，北京：商务印书 2001 年版，第 342 页。
8. ［美］罗伯特·达尔、布鲁斯·斯泰恩布里克纳:《现代政治分析（第六版）》，吴勇译，北京：中国人民大学出版社 2012 年版，第 3 页。
9. 《论语·颜渊》。
10. 关于中国从古到今的“政治”概念定义，参见陈振明主编、陈炳辉副主编:《政治学——概念、理论和方法》，北京：中国社会科学出版社 1999 年版，第 1–4 页。
11. 关于西方古代对“政治”概念的定义，参见包刚升:《政治学通识》，北京：北京大学出版社 2015 年版，第 11–12 页。
12. 关于对政治的四类定义，参见［英］安德鲁·海伍德:《政治学（第二版）》，第 4–15 页。
13. ［美］哈罗德·D. 拉斯韦尔:《政治学：谁得到什么？何时和如何得

到？》，杨昌裕译，北京：商务印书馆 2000 年版，第 3–16 页。我认为拉斯韦尔这本书著作书名中的 politics 指的是"政治"而非"政治学"，因此，书名更准确的译法应该是《政治：谁得到什么？何时和如何得到？》。

14.［美］戴维·伊斯顿：《政治体系：政治学状况研究》，马清槐译，北京：商务印书馆 1993 年版；戴维·伊斯顿：《政治生活的系统分析》，王浦劬等译，北京：华夏出版社 1999 年版；戴维·伊斯顿：《政治结构分析》，王浦劬等译，北京：北京大学出版社 2016 年版。

15. Almon Leroy Way, Jr., "The American System of Government: Government & Politics in the U.S.A.," accessed November 4, 2024, https://www.proconservative.net/CUNAPolSci201PartOneA.shtml..

16. 邓小平：《和平和发展是当代世界的两大问题》（一九八五年三月四日），《邓小平文选》（第三卷），北京：人民出版社 1993 年版，第 105 页。

17. 梁守德、洪银娴：《国际政治学概论》，北京：北京大学出版社 2000 年版，第 288 页。

18. 李伯涛：《谈当今时代主题》，《理论界》，2002 第 2 期，第 9 页。

19.［苏］列宁：《打着别人的旗帜》（1915 年 1 月以后），《列宁全集》（第二十六卷），北京：人民出版社 2017 年第 2 版增订版，第 142–143 页。

20.［苏］列宁：《帝国主义是资本主义的最高阶段（通俗的论述）》（1916 年 1—6 月），《列宁全集》（第二十七卷），北京：人民出版社 2017 年第 2 版增订版，第 323–439 页；［苏］斯大林：《论列宁主义基础》（在斯维尔德洛夫大学的讲演），《斯大林全集》（第六卷），北京：人民出版社 1956 年版，第 63 页。

21.［美］威廉·曼彻斯特：《光荣与梦想 4》，四川外国语大学翻译学院翻译组译，北京：中信出版社 2015 年版，第三十一章。

22. 林彪：《〈毛主席语录〉再版前言》（1966 年 12 月 16 日），《毛主席语录》，北京：中国人民解放军总政治部编印 1967 年版，第 1 页。

23. 毛泽东：《全世界人民团结起来，打败美国侵略者及其一切走狗》（1970 年 5 月 20 日），《人民日报》1970 年 5 月 21 日，第 1 版。

24. 周恩来：《在中国共产党第十次全国代表大会上的报告》（1973 年 8 月 24 日报告，8 月 28 日通过），《人民日报》1973 年 9 月 1 日，第 3 版。

25. 关于“时代问题”在中国政界引起的争论，详见何方：《争议下的国际问题观察》，北京：中国社会科学出版社 2013 年版，第 3–110 页；另见何方：《论和平与发展时代》，北京：世界知识出版社 2000 年版。

26. 新华社：《中央外事工作会议在北京举行》，《人民日报》2023 年 12 月 29 日，第 1 版。

27. ［美］伊恩·莫里斯：《西方将主宰多久：从历史的发展模式看世界的未来》，钱峰译，北京：中信出版社 2011 年版，第 326–327 页。

第二章　世界政治目标的辨识

1. 习近平：《在纪念中国人民志愿军抗美援朝出国作战 70 周年大会上的讲话》（2020 年 10 月 23 日），《人民日报》2020 年 10 月 24 日，第 2 版。

2. 任剑涛：《拜谒诸神：西方政治理论与方法寻踪》，北京：社会科学文献出版社 2014 年版，第 15 页。

3. 同上书，第 19 页。

4. ［英］戴维·米勒：《政治哲学与幸福根基》，李里峰译，南京：译林出版社 2008 年版，第 8 页。

5. 同上书，第 14–15 页。

6. ［以色列］尤瓦尔·赫拉利：《未来简史：从智人到智神》，林俊宏译，北京：中信出版社 2017 年版，第 190 页。

7. 美国《独立宣言》（1776 年），译文参见何怀宏：《正义：历史的与现实的》，北京：北京出版社 2017 年版，第 202 页。

8. 美国《合众国宪法》（1787 年），译文参见钱满素主编：《自由的刻度：缔造美国文明的 40 篇经典文献》，北京：东方出版社 2016 年版，第 112 页。

9. 何怀宏：《正义：历史的与现实的》，第 211 页。

10. 法国《1789 年人权和公民权宣言》（1789 年 8 月 26 日制宪国民会议颁布），译文参见朱福惠、邵自红主编：《世界各国宪法文本汇编（欧洲卷）》，厦门：厦门大学出版社 2013 年版，第 236 页。

11.《阿根廷国家宪法》（1853 年 5 月 1 日经制宪国民大会批准并生效），译文参见孙谦、韩大元主编：《美洲大洋洲十国宪法》，北京：中国检察出版社 2013 年版，第 1 页。

12.《俄罗斯联邦宪法》（1993 年 12 月 12 日全民投票通过，根据 2008 年 12 月 30 日第 6 号和第 7 号联邦宪法性法律列入的修正案修订），译文参见朱福惠、邵自红主编：《世界各国宪法文本汇编（欧洲卷）》，第 211 页。

13.《日本国宪法》（1946 年 11 月 3 日公布，1947 年 5 月 3 日起实施），译文参见朱福惠、王建学主编：《世界各国宪法文本汇编（亚洲卷）》，厦门：厦门大学出版社 2012 年版，第 478 页。

14.《伊朗伊斯兰共和国宪法》（1979 年 10 月 24 日公民投票通过，同年 12 月 3 日生效，1989 年 7 月 28 日修正），译文参见朱福惠、王建学主编：《世界各国宪法文本汇编（亚洲卷）》，第 782–783 页。

15.《巴基斯坦伊斯兰共和国宪法》（1973 年 4 月 10 日巴基斯坦国民议会通过，更新至 2011 年 1 月 1 日宪法第十九修正案），译文参见朱福惠、王建学主编：《世界各国宪法文本汇编（亚洲卷）》，第 60 页。

16. CONSTITUTION OF THE FEDERAL REPUBLIC OF NIGERIA 1999, p. 1, accessed November 4, 2024, https://nigeriareposit.nln.gov.ng/server/api/core/bitstreams/b62fb209-2716-48c4-b277-f684ca18d29d/content.

17. 转引自孙林、黄日涵主编：《政治学核心概念与理论》，天津：天津人民出版社 2017 年版，第 42 页。
18. [美] 汉斯·摩根索：《国家间政治：权力斗争与和平（第七版）》，[美] 肯尼思·汤普森、戴维·克林顿修订，徐昕等译，王缉思校，北京：北京大学出版社 2006 年版，第 55 页。
19. 邓小平：《结束严峻的中美关系要由美国采取主动》（一九八九年十月三十一日），《邓小平文选》（第三卷），北京：人民出版社 1993 年版，第 331 页；《善于利用时机解决发展问题》（一九九〇年十二月二十四日），同上书，第 364 页。
20. 邓小平：《压倒一切的是稳定》（一九八九年二月二十六日），《邓小平文选》（第三卷），第 284 页。
21. 包刚升：《政治学通识》，北京：北京大学出版社 2015 年版，第 226 页。
22. [法] 卢梭：《社会契约论》，徐强译，北京：中国社会科学出版社 2009 年版，第 107 页。
23. [法] 托克维尔：《论美国的民主》（上卷），董果良译，北京：商务印书馆 1988 年版，第 8 页、第 1 页。
24. [美] 约瑟夫·熊彼特：《资本主义、社会主义和民主主义》，绛枫译，北京：商务印书馆 1979 年版，第 302 页、第 337 页、第 339 页、第 340 页、第 355 页。
25. [英] 斯坦·林根：《民主是做什么用的：论自由与德政》，孙建中译，北京：新华出版社 2012 年版，第 7 页、第 1 页。
26. 潘维：《法治与"民主"迷信》，香港：香港社会科学出版有限公司 2003 年版，自序第 1–2 页。
27. 同上书，第 161–163 页。
28. 王绍光：《民主四讲》，北京：生活·读书·新知三联书店 2014 年版，第 242–244 页。

29. 转引自包刚升：《政治学通识》，第 229 页。
30. 王晨：《全过程人民民主是社会主义民主政治的本质属性（认真学习宣传贯彻党的二十大精神）》，《人民日报》2022 年 11 月 3 日，第 6 版。
31.《史记·秦始皇本纪》。
32. John King Fairbank, *The United States and China*, Cambridge: Harvard University Press, 1958, p. 277.
33. [以色列] 尤瓦尔·赫拉利：《人类简史：从动物到上帝》，林俊宏译，北京：中信出版社 2014 年版，第 191 页。关于中西方在国家统一与分裂问题上的不同认知，参见丛日云：《"一"与"多"：中西政治文化的两种个性分析》，载徐大同、高建主编：《中西传统政治文化比较研究》，天津：天津教育出版社，1997 年版。
34. [苏] 列宁：《民族问题提纲》（1913 年 6 月 26 日〔7 月 9 日〕以前），《列宁全集》（第二十三卷），北京：人民出版社 2017 年第 2 版增订版，第 329 页。
35. 转引自 [美] 乔万尼·萨托利：《民主新论》，冯克利、阎克文译，上海：上海人民出版社 2015 年版，第 513 页。
36. 同上。
37. [美] 约翰·罗尔斯：《作为公平的正义》，姚大志译，上海：上海三联书店 2002 年版，第 70 页。
38. 周保松：《自由人的平等政治》，北京：生活·读书·新知三联书店 2017 年第 2 版，第 XI 页。
39. 同上书，第 31 页。
40. 俞可平：《追求有尊严的幸福生活——2017 北京大学政府管理学院毕业典礼致辞》，北京大学中国政治学研究中心网站，2017 年 7 月 6 日，https://www.rccp.pku.edu.cn/zxxw/56265.htm，访问日期：2024 年 11 月 4 日。另见俞可平：《用制度维护人的尊严，是人类实现自我解放的唯一正确道路》，北京大学中国政治学研究中心网站，2017 年 4 月 25 日，https://www.rccp.pku.edu.cn/cgkd/56091.htm，访问日期：2024 年 11 月 4 日。

第三章　安全

1. 1943 年，亚伯拉罕·马斯洛在《人类激励理论》一文中提出需求层次理论，将人类需求像阶梯一样从低到高按层次分为五种，分别是：生理需求、安全需求、社交需求、尊重需求和自我实现需求。其中生理需求、安全需求、社交需求属于低级需求，尊重需求和自我实现需求属于高级需求。同一时期，一个人可能有几种需求，但每一时期总有一种需求占支配地位，对行为起决定作用。马斯洛和其他一些行为心理学者还认为，一个国家多数人的需求层次结构，同这个国家的经济发展水平、科技发展水平、文化和人民受教育的程度直接相关。在不发达国家，生理需求和安全需求占主导的人数比例较大，而高级需求占主导的人数比例较小；在发达国家，情况则刚好相反。参见 http://www.edpsycinteractive.org/topics/regsys/maslow.html，访问日期：2024 年 11 月 4 日。
2. 关于安全与国际安全概念的新近分析，参见《国际安全态势感知指数》课题组：《〈国际安全态势感知指数 2016〉设计说明》，《国际安全研究》2016 年第 6 期。
3. 《周易·系辞下》。
4. 《左传·襄公十一年》。
5. 《战国策·齐策六》。
6. 中国社会科学院语言研究所词典编辑室编：《现代汉语词典》（汉英双语），北京：外语教学与研究出版社 2002 年版，第 9 页。
7. Arnold Wolfers, "National Security as an Ambiguous Symbol," *Political Science Quarterly*, Vol.67, No.2 (Fall 1952), p.67. 转引自黄金元：《全球化

时代大国的安全》，北京：中国社会科学出版社 2007 年版，前言第 2 页。

8. 联合国：《国际法院判决尼加拉瓜就其在与哥斯达黎加争议领土上进行的不法活动进行赔偿》，联合国网站，2015 年 12 月 16 日，https://news.un.org/zh/story/2015/12/248682，访问日期：2024 年 11 月 4 日。

9. 朱金德主编：《国际经济论》，解放军出版社 1987 年版，第 22 页。转引自黄金元：《全球化时代大国的安全》，前言第 3 页。

10. [英] 巴里 · 布赞等：《新安全论》，朱宁译，杭州：浙江人民出版社 2003 年版，第 10 页。

11. 刘跃进：《当代国家安全理论视角下的中国古代国家安全思想》，《中国人民公安大学学报》2013 年第 3 期。

12. 梁启超：《论不变法之害》，《梁启超哲学思想论文选》，北京：北京大学出版社 1984 年版，第 6 页。

13. 新华社：《习近平主持召开中央国家安全委员会第一次会议强调　坚持总体国家安全观　走中国特色国家安全道路》，《人民日报》2014 年 4 月 16 日，第 1 版。

14. 同上。

15. 人民日报：《习近平对政法工作作出重要指示强调　全面提升防范应对各类风险挑战的水平　确保国家长治久安人民安居乐业》，《人民日报》2017 年 1 月 13 日，第 4 版。

16. 当然，关于上述历史进程的合理性和合法性，在世界政治舞台上和历史学界，是有争议的。

17. [英] 霍布斯：《利维坦》，黎思复、黎廷弼译，北京：商务印书馆 1985 年版，第 94–95 页。

18. 转引自 [法] 夏尔–菲利普 · 戴维：《安全与战略》，王忠菊译，北京：社会科学文献出版社 2011 年版，第 33 页。

19. [美] 小约瑟夫 · 奈：《理解国际冲突：理论与历史》，张小明译，上海：

上海人民出版社 2002 年版，第 22 页。

20. 关于“修昔底德陷阱”和“安全困境”的释义和分析，参见徐弃郁：《旧世界——大国冲突的前车之鉴》，载王缉思编著《大国关系：中美分道扬镳，还是殊途同归》，北京：中信出版社 2015 年版，第 45–77 页。

21. 数字来自 Francis A. Beer, *Peace Against War: The Ecology of International Violence*, San Francisco: W. H. Freeman, 1981, p. 20。转引自 Conway W. Henderson, *International Relations,* Boston: McGraw-Hill, 1998, p. 129。以上转引自李少军：《国际政治学概论》，上海：上海人民出版社 2002 年版，第 184–185 页。

22. [美] 斯蒂芬·平克：《人性中的善良天使：暴力为什么会减少》，安雯译，北京：中信出版社 2015 年版，前言第 1 页。

23. 同上书，第 550–556 页。

24. Fareed Zakaria, *The Post-American World Release 2.0*, New York: W. W. Norton, 2011, p. 8.

25. [英] 阿兰·瑞安：《论政治》(下卷)，林华译，北京：中信出版社 2016 年版，第 666 页。

26. [以色列] 尤瓦尔·赫拉利：《人类简史：从动物到上帝》，林俊宏译，北京：中信出版社 2014 年版，第 359 页。

27. Institute for Economics & Peace (IEP), *Global Terrorism Index 2023*, reliefweb, accessed November 4, 2024, https://reliefweb.int/report/world/global-terrorism-index-2023.

28. 参考消息：《调查显示：2022 年全球武装冲突致死人数创新高》，新华网，2023 年 6 月 30 日，http://www.news.cn/mil/2023-06/30/c_1212239601.htm，访问日期：2024 年 11 月 4 日。

29. Tom Norton, “How Many People Have Died in Russia-Ukraine War?” *Newsweek*, January 31, 2024.

30. 中国日报网：《2023 年美国枪支暴力死亡人数已超 4 万》，中国日报中文网，2023 年 12 月 11 日，https://cn.chinadaily.com.cn/a/202312/11/WS6576b204a310c2083e41254c.html，访问日期：2024 年 11 月 4 日。
31. 新华社：《世卫组织：道路交通事故仍是 5 至 29 岁人群第一大死因》，新华网，2023 年 12 月 13 日，https://www.news.cn/world/2023-12/13/c_1130025845.htm，访问日期：2024 年 11 月 4 日。
32. 参见世界卫生组织网站，https://www.who.int/zh/news-room/fact-sheets/detail/suicide，访问日期：2024 年 11 月 4 日。
33. 过去，中国每年生产安全事故造成的死亡人数，高于全世界每年死于暴恐袭击的人数。据国家统计局发布的《中华人民共和国 2014 年国民经济和社会发展统计公报》，2014 年全国生产安全事故共死亡 68 061 人（见《人民日报》2015 年 2 月 27 日第 10 版）。可喜的是，自 2005 年以来，中国生产安全事故死亡人数大幅下降。据国家统计局 2023 年 2 月 28 日公布的报告，中国全年各类生产安全事故共死亡 20 963 人（见《人民日报》2023 年 3 月 1 日第 9 版）。
34. Francis A. Beer, *Peace Against War: The Ecology of International Violence*, San Francisco: W. H. Freeman, 1981, pp. 42–49. 转引自李少军：《国际政治学概论》，上海：上海人民出版社 2002 年版，第 190 页。
35. [美] 理查德·罗斯克兰斯、史蒂文·米勒：《下一次大战？“一战”的根源及对中美关系的启示》，陈鑫、程旸译，北京：新华出版社 2016 年版，第 4 页。
36. [加] 阿米塔·阿查亚：《“美国世界秩序的终结”与“复合世界”的来临》，傅强译，《世界经济与政治》2017 年第 6 期，第 24 页。
37. 转引自 [美] 理查德·罗斯克兰斯、史蒂文·米勒：《下一次大战？“一战”的根源及对中美关系的启示》，第 17 页。
38. 参见 [美] 小约瑟夫·奈：《理解国际冲突：理论与冲突》，第 201–

217 页。
39. 何怀宏：《正义：历史的与现实的》，北京：北京出版社 2017 年版，第 160 页。关于战争伦理问题以及中国人对战争的态度及其变化，参见该书第 135–160 页。
40. 王缉思：《中美尚未进入冷战——但切不可陷入比冷战更糟的局面》，北京大学国际战略研究院网站，2023 年 12 月 5 日，http://www.iiss.pku.edu.cn/info/1021/4844.htm，访问日期：2024 年 11 月 4 日。
41. 转引自罗伯特·基欧汉、约瑟夫·奈：《权力与相互依赖》，门洪华译，北京：北京大学出版社 2012 年版，第 25 页。
42. Richard Ullman, "Redefining Security," *International Security*, Vol.8, No.1, (Summer 1983), p.133. 转引自王帆、卢静主编：《国际安全概论》，北京：世界知识出版社 2010 年版，第 345 页。
43. 李效东：《现代国际安全理论精要》，北京：军事科学出版社 2015 年版，第 11–12 页。
44. 转引自王帆、卢静主编：《国际安全概论》，北京：世界知识出版社 2010 年版，序言第 5 页。奥洛夫·帕尔梅（1927—1986）是瑞典著名政治家。1980 年 9 月，帕尔梅倡议成立了裁军与安全问题独立委员会（也称“帕尔梅委员会”），并担任主席。1986 年，帕尔梅在瑞典首相任上遇刺身亡。
45. 参见世界卫生组织网站，https://www.who.int/zh/news-room/fact-sheets/detail/coronavirus-disease-(covid-19)，访问日期：2024 年 11 月 4 日。
46.《中华人民共和国反恐怖主义法》（2015 年 12 月 27 日第十二届全国人民代表大会常务委员会第十八次会议通过），中国政府网，2015 年 12 月 28 日，http://www.gov.cn/zhengce/2015-12/28/content_5029899.htm，访问日期：2024 年 11 月 4 日。
47.《全球努力打击恐怖主义的宣言》，联合国文件 S/RES/1377 (2001)，转引自余建华：《恐怖主义的历史演变》，上海：上海人民出版社 2015 年版，导论第 1 页。

48. 石斌:《“人的安全”与国家安全》,《世界经济与政治》2014 年第 2 期，第 86 页。

49. 李东燕主编:《全球安全治理：研究与调查》，北京：当代中国出版社 2013 年版，第 113 页。

50. 转引自［法］夏尔-菲利普·戴维著:《安全与战略》，第 85 页。

51. 杨成绪:《主权是发展中国家的最后一道屏障》,《国际问题研究》2001 年第 2 期，第 1–3 页。

第四章 财富

1. ［古希腊］亚里士多德:《尼各马可伦理学》，廖申白译注，北京：商务印书馆 2003 年版，第 95 页。

2. 参见汪丁丁:《经济学思想史讲义》，上海：上海人民出版社 2012 年第 2 版，第 201 页。

3. ［英］亚当·斯密:《国富论》，郭大力、王亚南译，北京：商务印书馆 2014 年版，第 3–10 页、第 19–24 页。

4. 译文参见［英］亚当·斯密:《国民财富的性质与原理》(《国富论》)，赵东旭、丁毅译，北京：中国社会科学出版社 2007 年版，第 57 页。

5. ［美］卡比尔·塞加尔:《货币简史：从花粉到美元，货币的下一站》，栾力夫译，北京：中信出版社 2016 年版，第 112 页。

6.《论语·述而》。

7. 转引自《货币》纪录片主创团队:《货币》，北京：中信出版社 2012 年版，第 4 页。

8. ［美］大卫·克里斯蒂安:《极简人类史：从宇宙大爆炸到 21 世纪》，王睿译，北京：中信出版社 2016 年版，第 110 页。

9. ［美］辛西娅·克罗森：《财富千年》，赵恒译，北京：中信出版社 2004 年版，第 74 页。
10. 同上书，第 65 页。
11. ［美］威廉·伯恩斯坦：《财富的诞生》，易晖、欧阳珊、姜汉忠译，北京：中国财政经济出版社 2007 年版，第 25 页。
12. ［美］辛西娅·克罗森：《财富千年》，第 77 页。
13. ［德］恩格斯：《论封建制度的瓦解和民族国家的产生》，《马克思恩格斯文集》（第四卷），北京：人民出版社 2009 年版，第 217 页。
14. 转引自郑华伟：《历史上的十次货币战争》，上海：上海财经大学出版社 2011 年版，第 3 页。
15. 王巍：《金融可以颠覆历史（2）》，北京：中国友谊出版公司 2015 年版，第 7 页。
16. 转引自李效东：《现代国际安全理论精要》，北京：军事科学出版社 2015 年版，第 541 页。
17. 王巍：《金融可以颠覆历史（2）》，第 46–48 页。
18. 美国《独立宣言》（1776 年），译文参见［美］大卫·阿米蒂奇：《独立宣言：一种全球史》，孙岳译，北京：商务印书馆 2014 年版，第 106 页。
19.《管子·治国第四十八》。
20. 李效东：《现代国际安全理论精要》，第 537 页。
21. ［美］保罗·肯尼迪：《大国的兴衰：1500—2000 年的经济变迁与军事冲突》，陈景彪等译，北京：国际文化出版公司 2006 年版，前言第 43 页。
22. ［美］杰克·斯奈德：《帝国的迷思：国内政治与对外扩张》，于铁军译，北京：北京大学出版社 2007 年版，第 1–22 页。
23. 梅然：《德意志帝国的大战略：德国与大战的来临》，北京：北京大学出版社 2016 年版，第 98–134 页。引文见第 98 页、第 100 页。
24.《史记·货殖列传》。

25. [德] 卡尔 · 冯 · 克劳塞维茨:《战争论》(下册),时殷弘译,北京:商务印书馆 2016 年版,第 880 页。
26. [德] 马克思、恩格斯:《共产党宣言》,《马克思恩格斯文集》(第二卷),北京:人民出版社 2009 年版,第 36 页。
27. [德] 马克思:《资本论》(第一卷),《马克思恩格斯文集》(第五卷),北京:人民出版社 2009 年版,第 871 页。
28. Deirdre N. McCloskey, "How the West (and the Rest) Got Rich: The Great Enrichment of the past two centuries has one primary source: the liberation of ordinary people to pursue their dreams of economic betterment," *The Wall Street Journal*, May 20, 2016; Deirdre N. McCloskey, *Bourgeois Equality: How Ideas, Not Capital or Institutions, Enriched the World*, Chicago: The University of Chicago Press, 2016.
29. Donna Barne, Tariq Khokhar, "Year in Review: 2015 in 12 charts," World Bank Group, accessed November 4, 2024, https://blogs.worldbank.org/en/voices/Year-in-Review-2015-12-Charts. 另参见世界银行集团网站,http://www.worldbank.org/en/understanding-poverty,访问日期:2024 年 11 月 4 日。
30. 关于中国、印度、印度尼西亚、墨西哥、巴西这五国贫困发生率下降的情况及其对世界脱贫的贡献,参见王洪川、胡鞍钢:《包容性增长及国际比较:基于经济增长与人类发展的视角》,《国际经济评论》2017 年第 4 期,第 48–50 页。
31. [美] 弗朗西斯 · 福山:《政治秩序与政治衰败:从工业革命到民主全球化》,毛俊杰译,桂林:广西师范大学出版社 2015 年版,第 480 页。
32. 包海松:《繁荣的真相》,北京:中国经济出版社 2014 年版,第 10 页。
33. [美] 威廉 · 伯恩斯坦:《财富的诞生:现代世界繁荣的起源》,第 12 页。
34. 同上书,第 9 页。
35. [法] 托马斯 · 皮凯蒂:《21 世纪资本论》,巴曙松等译,中信出版社

2014 年版。

36. [美] 道格拉斯 · 诺斯、罗伯特 · 托马斯：《西方世界的兴起》，厉以平、蔡磊译，北京：华夏出版社 2017 年版，第 3 页。

37. 徐瑾：《什么因素导致了人类的财富大爆炸》，《经济评论》网站，http://jer.whu.edu.cn/jjgc/18/2017-01-05/3718.html，访问日期：2024 年 11 月 4 日。

38. 朱文莉：《国际政治经济学》，北京：北京大学出版社 2009 年第 2 版，第 246 页。

39. 中新社：《全球发展报告：全球多年减贫成果遭遇逆转》，中国新闻网，https://www.chinanews.com.cn/gj/2023/09-05/10072704.shtml，访问日期：2024 年 11 月 4 日。

40. 参见世界银行集团网站，https://www.worldbank.org/en/topic/poverty/overview，访问日期：2024 年 11 月 4 日。

41. [美] 约翰 · 罗尔克：《世界舞台上的国际政治》，宋伟等译，北京：北京大学出版社 2005 年版，第 511 页。

42. Statista, "Foreign direct investment from Japan into the United States from 2000 to 2023" accessed November 4, 2024, https://www.statista.com/statistics/188907/foreign-direct-investment-from-japan-in-the-united-states-since-1990/.

43. [美] 格雷厄姆 · 艾利森：《注定一战：中美能避免修昔底德陷阱吗？》，陈定定、傅强译，上海：上海人民出版社 2019 年版。

44. 朱颖：《中美经贸关系仍然密不可分》，第一财经网站，2023 年 12 月 10 日，https://www.yicai.com/news/101922695.html，访问日期：2024 年 11 月 4 日。

45. 世界粮食计划署：《2023 世界粮食安全和营养状况报告发布 | 多重危机交织，饥饿问题不断加剧》，世界粮食计划署网站，2023 年 7 月 12 日，https://zh.wfp.org/news/122-million-more-people-pushed-hunger-2019-due-multiple-crises-reveals-un-report，访问日期：2024 年 11 月 4 日。

46. Asian Development Bank, "Bangladesh: Poverty," Asian Development Bank, accessed November 4, 2024, https://www.adb.org/where-we-work/bangladesh/poverty.

47. [美] 弗朗西斯·福山：《政治秩序与政治衰败：从工业革命到民主全球化》，第 481 页。

48. 同上书，第 434 页。

49. 同上书，第 436–437 页。

50. [美] 保罗·肯尼迪：《大国的兴衰：1500—2000 年的经济变迁与军事冲突》，第 41–43 页。

51. 邓小平：《社会主义必须摆脱贫穷》（一九八七年四月二十六日），《邓小平文选》（第三卷），北京：人民出版社 1993 年版，第 225 页。

52. 1987 年 4 月 30 日，邓小平在会见西班牙工人社会党副总书记、政府副首相格拉时指出："总的说我们的情况是好的。粉碎'四人帮'以后，从十一届三中全会开始，我们制定了一系列新的方针政策，实践证明这些方针政策是正确的。但毕竟我们只是开步走。我们原定的目标是，第一步在八十年代翻一番。以一九八〇年为基数，当时国民生产总值人均只有二百五十美元，翻一番，达到五百美元。第二步是到本世纪末，再翻一番，人均达到一千美元。实现这个目标意味着我们进入小康社会，把贫困的中国变成小康的中国。那时国民生产总值超过一万亿美元，虽然人均数还很低，但是国家的力量有很大增加。我们制定的目标更重要的还是第三步，在下世纪用三十年到五十年再翻两番，大体上达到人均四千美元。做到这一步，中国就达到中等发达的水平。这是我们的雄心壮志。目标不高，但做起来可不容易。"参见邓小平：《吸取历史经验，防止错误倾向》（一九八七年四月三十日），《邓小平文选》（第三卷），北京：人民出版社 1993 年版，第 226 页。

53. 新华社：《中华人民共和国国民经济和社会发展第十四个五年规划和

2035 年远景目标纲要》，中国政府网，https://www.gov.cn/xinwen/2021-03/13/content_5592681.htm，访问日期：2024 年 11 月 4 日。

第五章　信仰

1. 王洪光：《中国不存在“放弃朝鲜”的问题》，《环球时报》2014 年 12 月 1 日。
2. “纳粹”是德文 Nazi 的音译，Nazi 是 Nationalsozialismus 的缩写，意为“民族社会主义”（曾译“国家社会主义”）。
3. [德] 恩格斯：《社会主义从空想到科学的发展 · 1892 年英文版导言》，《马克思恩格斯文集》（第三卷），人民出版社 2009 年版，第 520 页。
4. [美] 尼古拉斯 · 韦德：《信仰的本能：人类宗教进化史》，陈华译，北京：电子工业出版社 2017 年版，第 2–17 页。
5. “Major Religions of the World: Ranked by Number of Adherents,” accessed September 20, 2017, http://adherents.com/Religions_By_Adherents.html.
6. 金泽、邱永辉：《中国宗教报告 2008》，北京：社会科学文献出版社 2008 年版，第 2 页。
7. “Religion in Europe,” Wikipedia, accessed September 22, 2017, https://en.wikipedia.org/wiki/Religion_in_Europe.
8. [美] 塞缪尔 · 亨廷顿：《我们是谁？美国国家特性面临的挑战》，程克雄译，北京：新华出版社 2005 年版，第 14 页。
9. 转引自上书，第 296 页。
10. 关于 20 世纪世界宗教复兴原因的探讨，参见任剑涛：《拜谒诸神：西方政治理论与方法寻踪》，北京：社会科学文献出版社 2014 年版，第 215–224 页。
11. 加润国：《全球信教人口有多少》，《中国民族报》，2015 年 5 月 26 日。

12. 关于民族和民族主义的概念，参见王联：《世界民族主义论》（第二版），北京：北京大学出版社 2017 年版，第 1–19 页。
13. [美] 本尼迪克特 · 安德森：《想象的共同体：民族主义的起源与散布》（增订版），吴叡人译，上海：上海人民出版社 2016 年版。
14. 王缉思：《美国意识形态的新趋势》，载王缉思：《国际政治的理性思考》，北京：北京大学出版社 2006 年版，第 86–100 页。
15. 关于俄罗斯民族主义的渊源及特征，参见王联：《世界民族主义论》（第二版），第 75–95 页。
16. 惠晓霜：《以色列议会争议声中通过“犹太民族国家”法案》，新华网，2018 年 7 月 20 日，http://www.xinhuanet.com/world/2018-07/20/c_129917020.htm，访问日期：2024 年 11 月 4 日。
17. Donald J. Trump, *Crippled America: How to Make America Great Again*, New York: Threashold Editions, 2015, pp. 131-133, pp. 160-169.
18. Henry Kissinger, *World Order*, New York: Penguin Press, 2014, pp. 118-122.
19. [美] 威尔 · 杜兰特、阿里尔 · 杜兰特：《历史的教训》，倪玉平、张闶译，北京 / 成都：中国方正出版社 / 四川人民出版社 2015 年版，第 69 页、第 82 页。
20. [美] 约翰 · 罗尔克：《世界舞台上的国际政治》，宋伟等译，北京：北京大学出版社 2005 年版，第 218 页。
21. 张文建：《信主独一——伊斯兰教》，北京：世界知识出版社 1999 年版，第 391–421 页。
22. 徐玉成：《日本宗教观察：信教人口与经济水平同步增长》，凤凰网，2015 年 11 月 17 日，http://fo.ifeng.com/a/20151117/41508136_0.shtml，访问日期：2017 年 9 月 20 日。
23. 2024 年，欧盟有 27 个成员，克罗地亚于该项调查之后的 2013 年加入欧盟，英国于 2016 年公投决定“脱欧”。

24. TNS Opinion & Social: *The Values of Europeans*, European Commission, 2012, accessed October 1, 2017, http://ec.Europa.eu/commfrontoffice/publicopinion/archives/eb/eb77/eb77_value_en.pdf.

25. 参见伊斯兰合作组织官方网站，http://www.oic-oci.org/page/?p_id=52&p_ref=26&lan=en，访问日期：2017 年 10 月 2 日。

26. “Muslim World League,” Wikipedia, accessed October 2, 2017, https://en.wikipedia.org/wiki/Muslim_World_League.

27. [英] 阿兰 · 瑞安：《论政治：从霍布斯至今》(下卷)，林华译，北京：中信出版社 2016 年版，第 540 页。

28. Hans Kohn, *The Age of Nationalism: The First Era of Global History*, New York: Harper & Brothers, 1962, p.12. 转引自徐波、陈林：《全球化、现代化与民族主义：现实与悖论》，载 [英] 埃里 · 凯杜里：《民族主义》，张明明译，北京：中央编译出版社 2002 年版，《民族主义研究学术译丛》代序言第 4–5 页。

29. 关于美国族群和文化多元化产生的“我们是谁”的美国认同危机，参见 [美] 塞缪尔 · 亨廷顿：《我们是谁？美国国家特性面临的挑战》。

30. [美] 塞缪尔 · 亨廷顿：《文明的冲突与世界秩序的重建》(修订版)，周琪等译，北京：新华出版社 2010 年版，第 106 页。

31. 同上书，第 5 页。

32. 同上书，第 4 页。

33. 关于亨廷顿理论的再评价，参见王缉思：《亨廷顿理论的启迪与谬误》，《世界知识》2003 年第 9 期；王缉思：《亨廷顿挑起的论战将超越时空》，《世界知识》2009 年第 2 期。

34. 转引自徐迅：《民族主义》，北京：中国社会科学出版社 2005 年版，第 65 页。

35. Hans Kohn, *The Age of Nationalism,* pp.11-12. 转引自徐波、陈林：《全球

化、现代化与民族主义：现实与悖论》，载［英］埃里·凯杜里：《民族主义》，《民族主义研究学术译丛》代序言第 19 页。

36.［美］斯蒂芬·格罗斯比：《民族主义》，陈蕾蕾译，南京：译林出版社 2017 年版，第 6 页。

37.［以色列］耶尔·塔米尔：《自由主义的民族主义》，陶东风译，上海：上海社会科学院出版社 2017 年版，第 215 页。

第六章　公正

1.［美］约翰·罗尔斯：《正义论（修订版）》，何怀宏等译，北京：中国社会科学出版社 2009 年版；［美］迈克尔·桑德尔：《公正：该如何做是好？》，朱慧玲译，北京：中信出版社 2012 年版；［美］约翰·罗尔斯：《作为公平的正义》，姚大志译，上海：上海三联书店 2002 年版。

2.《新书·卷八·道术》。

3.《朱子语类·论语八·里仁篇上》。

4.《论语·颜渊》。

5.《孟子·离娄上》。

6.《荀子·正论》。

7.《论语·里仁》。

8.《荀子·儒效》。

9.［古希腊］柏拉图：《理想国》，郭斌和、张竹明译，北京：商务印书馆 1986 年版，第 169 页、第 156 页。

10.［古希腊］亚里士多德：《政治学》，北京：商务印书馆 1965 年版，第 9 页。

11. 转引自［美］乔万尼·萨托利：《民主新论》（下卷），冯克利、阎克文译，上海：上海人民出版社 2015 年版，第 513 页。

12.［古希腊］亚里士多德：《政治学》，第 148 页、第 234–235 页。

13. [古希腊]亚里士多德:《尼各马可伦理学》，廖申白译注，北京：商务印书馆 2003 年版，第 136 页。
14. 中共中央党史研究室:《中国共产党历史·第二卷(1949—1978)》(下册)，北京：中共党史出版社 2011 年版，第 915 页。
15. 八级工资制是指过去中国一些国营企业实行的工资制度，按年龄、技术把工人分成八级，根据级别发给不同的工资。八级工资制从 1956 年正式实行，到 1992 年中共十四大之后逐步取消，前后实行了近 40 年。
16. [英]肯尼思·米诺格:《政治的历史与边界》，龚人译，南京：译林出版社 2008 年版，第 87 页。
17. 新华社:《习近平在中共中央政治局第二十七次集体学习时强调 推动全球治理体制更加公正更加合理 为我国发展和世界和平创造有利条件》，《人民日报》2015 年 10 月 14 日，第 1 版。
18.《世界人权宣言》第二十八条。全文见联合国网站，https://www.un.org/zh/about-us/universal-declaration-of-human-rights，访问日期：2017 年 10 月 13 日。
19. [印]阿马蒂亚·森:《正义的理念》，王磊、李航译，刘民权校译，北京：中国人民大学出版社 2012 年版，第 133 页。
20. [英]戴维·米勒:《政治哲学与幸福根基》，李里峰译，南京：译林出版社 2008 版，第 124 页。
21. [美]迈克尔·桑德尔:《公正：该如何做是好？》，第 5–32 页。
22. [印]阿马蒂亚·森:《正义的理念》。
23. [美]罗伯特·诺齐克:《无政府、国家和乌托邦》，姚大志译，北京：中国社会科学出版社 2008 年版。
24. [美]约翰·罗尔斯:《正义论(修订版)》。
25. [印]阿马蒂亚·森:《贫困与饥荒——论权利与剥夺》，王宇、王文玉译，北京：商务印书馆 2001 年版，第 5–15 页。另参见[印]阿马蒂亚·森：《正义的理念》。

26. [印] 阿马蒂亚·森：《以自由看待发展》，任赜、于真译，北京：中国人民大学出版社 2002 年版，第 7 页。

27. [法] 托马斯·皮凯蒂：《21 世纪资本论》，巴曙松等译，北京：中信出版社 2014 年版。

28. [比] 埃里克·范豪特：《世界史导论》，沈贤元译，北京：新华出版社 2015 年版，第 179 页。

29. 同上书，第 185 页。

30. "Gini coefficient," Wikipedia, accessed September 25, 2016, https://en.wikipedia.org/wiki/Gini_coefficient#World_income_Gini_index_since_1800s.

31. 习近平：《构建创新、活力、联动、包容的世界经济——在二十国集团领导人杭州峰会上的开幕辞》（2016 年 9 月 4 日，杭州），《人民日报》2016 年 9 月 5 日，第 3 版。

32. [加] 麦克尔·崔贝尔考克、[美] 罗纳德·丹尼尔斯：《法治与发展》，冯川等译，南京：南京大学出版社 2014 年版，第 4 页。

33. 搜狐财经：《许小年：为什么要"让一部分人先富起来"？》，搜狐网，2016 年 11 月 21 日，http://business.sohu.com/20161121/n473692561.shtml，访问日期：2017 年 10 月 11 日。

34. 邓小平：《社会主义和市场经济不存在根本矛盾》（一九八五年十月二十三日），《邓小平文选（第三卷）》，北京：人民出版社 1993 年版，第 149 页。

35. 新华社：《习近平主持召开中央财经委员会第十次会议强调　在高质量发展中促进共同富裕　统筹做好重大金融风险防范化解工作》，《人民日报》2021 年 8 月 18 日，第 1 版。

36. 习近平：《高举中国特色社会主义伟大旗帜　为全面建设社会主义现代化国家而团结奋斗——在中国共产党第二十次全国代表大会上的报告》

（2022 年 10 月 16 日），《人民日报》2022 年 10 月 26 日，第 2 版。
37. 刘瑜：《观念的水位》，南京：江苏文艺出版社 2014 年版，第 136-138 页。

第七章　自由

1. [法] 孟德斯鸠：《论法的精神（上册）》，张雁深译，北京：商务印书馆 1961 年版，第 153 页。
2. 杨钰枫：《中国古代中央集权体制下的自由》，《中文科技期刊数据库（全文版）社会科学》2016 年第 9 期，第 94 页。
3. [美] 乔万尼·萨托利：《民主新论》（下卷），冯克利、阎克文译，上海：人民出版社 2015 年版，第 465 页。
4. 毛泽东：《论联合政府》（一九四五年四月二十四日），《毛泽东选集》（第三卷），北京：人民出版社 1991 年版，第 1070 页。
5. [德] 马克思、恩格斯：《共产党宣言》，《马克思恩格斯文集》（第二卷），北京：人民出版社 2009 年版，第 53 页。
6. [德] 恩格斯：《反杜林论》，《马克思恩格斯文集》（第九卷），北京：人民出版社 2009 年版，第 120 页。
7. 许振洲：《源于生活的自由》，《国际政治研究》2006 年第 3 期，第 88-104 页。
8. 易兰：《古希腊人的自由观念》，《史学集刊》2004 年第 2 期，第 98-104 页。
9. [法] 邦雅曼·贡斯当：《古代人的自由与现代人的自由：贡斯当政治论文选》，阎克文等译，上海：上海人民出版社 2005 年版，第 34-35 页。
10. 同上书，第 47 页。
11. Herodotus, *The Persian Wars, trans.* G. Rawlison, Book VIl, Chap. 104. 转引自 [美] 斯塔夫里阿诺斯：《全球通史：从史前史到 21 世纪》（第 7 版）（上册），董书慧等译，北京：北京大学出版社 2005 年版，第 114 页。

12. 法国《1789年人权和公民权宣言》（1789年8月26日制宪国民会议颁布），译文参见朱福惠、邵自红主编：《世界各国宪法文本汇编（欧洲卷）》，厦门：厦门大学出版社2013年版，第236页。
13. [英]约翰·穆勒：《论自由》，严复译，南京：译林出版社2014年版。
14.《世界人权宣言》全文见联合国网站，https://www.un.org/zh/about-us/universal-declaration-of-human-rights，访问日期：2017年10月13日。
15.《俄罗斯联邦宪法》（1993年12月12日全民投票通过，根据2008年12月30日第6号和第7号联邦宪法性法律列入的修正案修订），译文参见朱福惠、邵自红主编：《世界各国宪法文本汇编》（欧洲卷），厦门：厦门大学出版社2013年版，第211–213页。
16. [法]埃德蒙·柏克：《法国大革命反思录》，冯丽译，南昌：江西人民出版社2015年版。
17. 法语原文为："O Liberté, que de crimes on commet en ton nom!"
18. [英]肯尼思·米诺格：《政治的历史与边界》，龚人译，南京：译林出版社2008年版，第88页。
19. 毛泽东：《论联合政府》（一九四五年四月二十四日），《毛泽东选集》（第三卷），第1070页。
20. [英]以赛亚·伯林：《自由论》，胡传胜译，南京：译林出版社2011年版。关于"消极自由"和"积极自由"的概念评述，参见唐士其：《西方政治思想史》（修订版），北京：北京大学出版社2008年版，第415–433页。
21. [英]戴维·米勒：《政治哲学与幸福根基》，李里峰译，南京：译林出版社2008年版，第61页。
22. [古希腊]柏拉图：《理想国》，郭斌和、张竹明译，北京：商务印书馆1986年版，第342页。
23. [科威特]穆罕默德·鲁米西、[黎巴嫩]伊卜拉辛·阿里斯：《访谈丨阿拉伯思想现状》，吴旻雁译，昆仑策网站，2017年6月2日，https://

www.kunlunce.com/llyj/fl1/2017-06-02/116416.html，访问日期：2017 年 10 月 13 日。

24. 刘瑜：《民主的细节》，上海：上海三联书店 2009 年版，第 185–186 页。
25. 同上书，第 188 页。
26. Freedom House, *Freedom in the World 2023*, Freedom House, accessed November 4, 2024, https://freedomhouse.org/sites/default/files/2023-03/FIW_World_2023_DigtalPDF.pdf.
27. Ian Vásquez, Fred McMahon, Ryan Murphy, and Guillermina Sutter Schneider, *Human Freedom Index 2023*, Cato Institute, accessed November 4, 2024, https://www.cato.org/sites/cato.org/files/2023-12/human-freedom-index-2023-full-revised.pdf.
28. [英] 卡尔·波普尔：《开放社会及其敌人》（全二卷），陆衡等译，北京：中国社会科学出版社 1999 年版。
29. 毛泽东：《反对自由主义》（一九三七年九月七日），《毛泽东选集》（第二卷），北京：人民出版社 1991 年版，第 359–361 页。
30. 邓小平：《旗帜鲜明地反对资产阶级自由化》（一九八六年十二月三十日），《邓小平文选》（第三卷），北京：人民出版社 1993 年版，第 194–197 页。
31. 所谓“瓦斯普”，是 WASP（White Anglo-Saxon Protestant，即白人盎格鲁–撒克逊新教徒）的音译。

第八章　五大目标的相互关系

1. 摘自美国独立战争时期政治家帕特里克·亨利的演说。原话是“莫非生命如此珍贵，和平如此美好，竟值得我们以镣铐和奴役为代价来获得？全能的主啊，快阻止他们吧！我不知道别人将选择怎样的道路，但对我来说，不自由，毋宁死！（give me liberty or give me death!）”（译文参见徐翰林选译：《影响人类历史进程的演说：汉英对照》，武汉：武汉出版社，2009 年版，第 132 页）。

2. 转引自鲁迅：《为了忘却的记念》，《鲁迅全集》（第四卷），北京：人民文学出版社 2005 年版，第 501–502 页

3. Samuel P. Huntington, “If Not Civilization, What? Paradigms of the Post-Cold war World,” *Foreign Affairs*, Vol.72, No. 5, November/December 1993, pp. 191–192.

4. 世界说：《文在寅就职演说全文：或访问平壤，将成为国民骄傲》，网易，2017 年 5 月 10 日，https://www.163.com/dy/article/CK3JFUML0514E5GI.html，访问日期：2017 年 8 月 16 日。

5. [英] 肯尼思 · 米诺格：《政治的历史与边界》，龚人译，南京：译林出版社 2008 年版，第 91 页。

6. 新华社：《习近平主持召开中央国家安全委员会第一次会议强调 坚持总体国家安全观 走中国特色国家安全道路》，《人民日报》2014 年 4 月 16 日，第 1 版。

7. [美] 塞缪尔 · 亨廷顿：《变化社会中的政治秩序》，王冠华等译，北京：生活 · 读书 · 新知三联书店 1989 年版，第 37–43 页。

8. 同上书，第 46-52 页。

9. 世界银行：“GDP 增长率（年百分比）-Rwanda”，世界银行集团网站，https://data.worldbank.org.cn/indicator/NY.GDP.MKTP.KD.ZG?locations=RW，访问日期：2024 年 11 月 4 日。

10. 中国国防科技信息网：《普京宣布俄罗斯未来三年国防开支下降到占 GDP 2.7%》，观察者网，2017 年 6 月 16 日，https://www.guancha.cn/military-affairs/2017_06_16_413602.shtml，访问日期：2017 年 8 月 16 日。

11. 经济参考报：《环境污染损失超过 2 万亿　治污是赔钱还是赚钱？》，经济参考网站，2012 年 3 月 13 日，http://dz.jjckb.cn/www/pages/webpage

2009/html/2012-03/13/content_41875.htm?div=-1，访问日期：2024 年 11 月 4 日。

12. 新华社：《气候变化或给全球造成 2.5 万亿美元损失》，中国气象局网站，2016 年 4 月 7 日，https://www.cma.gov.cn/2011xwzx/2011xmtjj/201604/t20160407_308577.html，访问日期：2017 年 8 月 19 日。

13. 新华网：《真相丨叙利亚反对派都有谁》新华网，2016 年 2 月 1 日，http://www.xinhuanet.com/world/2016-02/01/c_128690816.htm，访问日期：2024 年 11 月 4 日。

14. 关于西方政治思想中自由、平等、公正之间关系的评介，参见唐士其：《西方政治思想史》（修订版），北京：北京大学出版社 2008 年版，第 469–492 页。

15. [美] 威尔·杜兰特、阿里尔·杜兰特：《历史的教训》，倪玉平、张同译，北京 / 成都：中国方正出版社 / 四川人民出版社 2015 年版，第 21–22 页。

16. 俞可平主编：《西方政治学名著提要》，南昌：江西人民出版社 2000 年版，第 323 页。

17. [美] 乔万尼·萨托利：《民主新论》（下卷），冯克利、阎克文译，上海：上海人民出版社 2015 年版，第 546 页。

18. 刘瑜：《民主的细节》，上海：上海三联书店 2009 年版，第 9 页。

19. [美] 乔万尼·萨托利：《民主新论》（下卷），第 547 页。

20. [美] 约翰·罗尔斯：《作为公平的正义》，姚大志译，上海：上海三联书店 2002 年版。

21. [美] 摩狄曼·J. 阿德勒：《六大观念：真善美、自由、平等、正义》，陈珠泉、杨建国译，北京：团结出版社 1989 年版，第 141 页。

22. 中国外交部网站：《马来西亚国家概况》（2024 年 10 月更新），https://www.fmprc.gov.cn/web/gjhdq_676201/gj_676203/yz_676205/1206_676716/1206x0_676718/，访问日期：2024 年 11 月 4 日。

23. Aaron Blake, "Trump's full inauguration speech transcript, annotated," *The Washington Post*, January 20, 2017, accessed October 10, 2017, https://www.washingtonpost.com/news/the-fix/wp/2017/01/20/donald-trumps-full-inauguration-speech-transcript-annotated/?utm_term=.70d9cabb23ab.

第九章 通向理想国之路

1. 《理想国》的英文书名 *The Republic* 直译为"共和国"。柏拉图对城邦正义的讨论，参见［古希腊］柏拉图：《理想国》，郭斌和、张竹明译，北京：商务印书馆 1986 年版，第 57–70 页。
2. 《论语 · 颜渊》。
3. 同上。
4. 《论语 · 子路》。
5. ［美］弗朗西斯 · 福山：《政治秩序的起源：从前人类时代到法国大革命》，毛俊杰译，桂林：广西师范大学出版社 2012 年版，第 14 页。
6. ［美］弗朗西斯 · 福山：《政治秩序与政治衰败：从工业革命到民主全球化》，毛俊杰译，桂林：广西师范大学出版社 2015 年版，第 i–ix 页。
7. 世界银行："人均 GDP（现价美元）-Denmark"，世界银行集团网站，https://data.worldbank.org.cn/indicator/NY.GDP.PCAP.CD?most_recent_value_desc=true&locations=DK，访问日期：2024 年 11 月 4 日。
8. 中国外交部网站：《丹麦国家概况》（2024 年 10 月更新），https://www.fmprc.gov.cn/web/gjhdq_676201/gj_676203/oz_678770/1206_679062/1206x0_679064/，访问日期：2024 年 11 月 4 日。
9. 同上。
10. European Commission, *Europeans and Biotechnology in 2010*, Special Eurobarometer 341, November 2010, p. 200, from https://europa.eu/eurobarometer/

surveys/detail/755, 2025-2-25.

11. "Denmark," Wikipedia, accessed October 27, 2017, https://en.wikipedia.org/wiki/Denmark.

12. Prosperity Institute, "THE LEGATUM PROSPERITY INDEX™ 2023," Prosperity Institute, accessed February 4, 2025, https://index.prosperity.com/rankings. 2025 年 1 月，列格坦研究所（Legatum Institute）已更名为繁荣研究所（Prosperity Institute）。

13. 中国外交部网站：《丹麦国家概况》（2024 年 10 月更新），https://www.fmprc.gov.cn/web/gjhdq_676201/gj_676203/oz_678770/1206_679062/1206x0_679064/，访问日期：2024 年 11 月 4 日。

14. "THE LEGATUM PROSPERITY INDEX™ 2023," accessed February 4, 2025, https://index.prosperity.com/rankings.

15. 世界银行："人均 GDP（现价美元）-Norway"，世界银行集团网站，https://data.worldbank.org.cn/indicator/NY.GDP.PCAP.CD?locations=NO，访问日期：2024 年 11 月 4 日。

16. [英] 斯坦 · 林根：《民主是做什么用的：论自由与德政》，孙建中译，北京：新华出版社 2012 年版，第 334–351 页。

17. [美] 弗朗西斯 · 福山：《政治秩序与政治衰败：从工业革命到民主全球化》，第 27 页、第 246–250 页。

18. 中国外交部网站：《哥斯达黎加国家概况》（2024 年 10 月更新），https://www.mfa.gov.cn/web/gjhdq_676201/gj_676203/bmz_679954/1206_680228/1206x0_680230/，访问日期：2024 年 11 月 4 日。

19. 世界银行："人均 GDP（现价美元）-Costa Rica"，世界银行集团网站，https://data.worldbank.org.cn/indicator/NY.GDP.PCAP.CD?locations=CR，访问日期：2024 年 11 月 4 日。

20. [美] 弗朗西斯 · 福山：《政治秩序与政治衰败：从工业革命到民主全球

化》，第 247 页。

21. BBC,“Norway massacre: Breivik ‘planned to kill politicians’,” BBC, November 18, 2011, accessed November 4, 2024, https://www.bbc.com/news/world-europe-15794368.

22. OOSGA 网站：《新加坡人口发展概况——成长动因、劳动市场、重点城市前景》（2023 年 1 月 7 日更新），https://zh.oosga.com/demographics/sgp/，访问日期：2024 年 11 月 4 日。

23. 世界银行：“人均 GDP（现价美元）-Singapore”，世界银行集团网站，https://data.worldbank.org.cn/indicator/NY.GDP.PCAP.CD?locations=SG，访问日期：2024 年 11 月 4 日。

24. [美] 弗朗西斯 · 福山：《政治秩序与政治衰败：从工业革命到民主全球化》，第 33 页。

25. Ian Vásquez, Matthew D. Mitchell, Ryan Murphy, and Guillermina Sutter Schneider, *Human Freedom Index 2024*, Cato Institute, accessed November 4, 2024, https://www.cato.org/sites/cato.org/files/2024-12/2024-human-freedom-index.pdf.

26. 王秀丽、梁云祥：《日本人眼中的中国形象》，北京：北京大学出版社 2016 年版，第 92 页。

27. Francis Fukuyama, “American Political Decay or Renewal？The Meaning of the 2016 Election,” *Foreign Affairs*, July/August 2016 Issue, accessed August 9, 2016, https://www.foreignaffairs.com/articles/united-states/2016-06-13/american-political-decay-or-renewal.

28. 关于人类暴力减少的趋势，参见 [以色列] 尤瓦尔 · 赫拉利：《人类简史：从动物到上帝》，林俊宏译，北京：中信出版社 2014 年版，第 359 页；[美] 斯蒂芬 · 平克：《人性中的善良天使：暴力为什么会减少》，安雯译，北京：中信出版社 2015 年版，第 1 页。

29.［美］大卫·克里斯蒂安：《极简人类史：从宇宙大爆炸到 21 世纪》，王睿译，北京：中信出版社 2016 年版，第 185 页。

30.［比］埃里克·范豪特：《世界史导论》，沈贤元译，北京：新华出版社 2015 年版，第 160 页。

31.［德］马克思：《不列颠在印度的统治》（1853 年 6 月 10 日），《马克思恩格斯文集》（第二卷），北京：人民出版社 2009 年版，第 683 页。

32. Philip Stephens, "Peace and prosperity: it is worth saving the liberal order," *Financial Times*, Feburary 9, 2017, accessed Feburary 13, 2017, https://www.ft.com/content/b2db707e-ed61-11e6-ba01-119a44939bb6.

33.《论语·宪问》。